Heimische Tiere
Entdecke über 350 Arten

Holger Haag
Katja Baier
Bärbel Oftring

Heimische

TIERE

Entdecke über 350 Arten

Mit Illustrationen von Yousun Koh
und Manfred Rohrbeck

COPPENRATH

Auf der Vorderseite des Buches sind abgebildet ein Rehkitz (großes Bild),
ein Eisvogel (oben) sowie zwei junge Wolfswelpen (unten).
Die Fotos auf der Rückseite zeigen eine Gämse beim Abstieg (rechts oben),
einen Graureiher (unten links) sowie einen Kleinen Wasserfrosch (unten rechts).

Auf den gezeichneten Überblicksseiten am Anfang jedes Kapitels sind Pflanzen
und Tiere abgebildet, die typisch für den jeweiligen Lebensraum sind, aber nicht
immer gleichzeitig vorkommen.

Alle Tipps und Informationen in diesem Buch sind sorgfältig ausgewählt
und geprüft. Dennoch können weder Urheber noch Verlag eine Garantie übernehmen.
Eine Haftung für Personen-, Sach- und Vermögensschäden ist ausgeschlossen.

Das Thema Umweltschutz ist uns sehr wichtig:
Dieses Buch ist auf Papier aus nachhaltiger Forstwirtschaft gedruckt.

5 4 3 2 1   20 19 18 17 16
ISBN 978-3-649-66805-3
© 2016 Coppenrath Verlag GmbH & Co. KG,
Hafenweg 30, 48155 Münster, Germany
CH: Baumgartner Bücher AG, Centralweg 16, 8910 Affoltern a.A.
Alle Rechte vorbehalten, auch auszugsweise
Text: Katja Baier, Holger Haag und Bärbel Oftring
Illustrationen: Manfred Rohrbeck (Überblicksseiten)
und Yousun Koh (Einzel-Illustrationen)
Fotos: siehe Bildnachweis auf Seite 124
Layout und Satz: Daniela Gaus, www.zweiender.de
Konzept und Redaktion: Katja Baier, www.brombeerblau.de
Projektleitung: Susanne Tommes
Printed in China

www.coppenrath.de

Inhalt

Lebensraum Wiese, Feld und Hecke

Unsere Siedlungen und Dörfer sind meist von ausgedehnten Feldern und Wiesen umgeben. Auch am Waldrand, auf Waldlichtungen, unter Streuobstbäumen und in den Tal-Auen breiten sich bunte Wiesenstreifen aus. Hier leben viele Pflanzen und Tiere — die meisten von ihnen das ganze Jahr über.

Was sind Wiesen?

Statt Wiese kannst du auch Grasland sagen. Denn eine Wiese besteht zum größten Teil aus Gras. Außerdem dürfen nicht allzu viele Gehölze darauf stehen, sonst wäre es ja ein Wald oder ein Gebüsch. Es gibt ganz unterschiedliche Wiesentypen: Weiden, Mähwiesen, Rasen, Moorwiesen oder Bergwiesen.

Was wächst auf Wiesen?

Neben den Gräsern findest du auch Blumen auf der Wiese. Je nachdem um welche Wiesenart es sich handelt, wachsen mal mehr, mal weniger verschiedene Blumen darauf. Eine Bergwiese zum Beispiel sieht richtig bunt aus. Die vielen verschiedenen Blumen locken eine Vielfalt an Schmetterlingen, Bienen, Hummeln und Käfern an. Auf der Wiese im Garten wachsen meist nur Klee und Gänseblümchen. So eine Wiese ist für Insekten nicht besonders interessant.

Ein englischer Rasen wie dieser ist für Insekten- und Wiesenforscher langweilig.

Wie entstehen Wiesen?

Die meisten Wiesen, die du kennst, sind von Menschen gemacht. Stell dir vor: Ohne die Menschen würden fast überall in Mitteleuropa Wälder wachsen. Vor vielen tausend Jahren haben die Menschen jedoch begonnen, die Bäume zu fällen, um Felder für den Getreideanbau und Weiden für das Vieh anzulegen. Außerdem brauchten die Menschen das Holz, um Häuser und Schiffe zu bauen und Feuer zu machen. So entstanden große Grünflächen.

Auf einer wilden Wiese wachsen viele verschiedene Blumen.

Nicht alle Pflanzen vertragen es gut, wenn ständig Tiere auf ihnen herumlaufen.

Warum sind Wiesen verschieden?

Wiese ist nicht gleich Wiese. Einige Wiesen sind einfach grün, andere das reinste Farbenmeer. Manchmal reicht dir das Gras bis zur Brust, an anderer Stelle nur bis zum Knie. Manche Wiesen sind dicht gewachsen, auf anderen kannst du die Erde sehen. Warum ist das so?

Eine entscheidende Rolle spielt der Boden. Ist er sandig, steinig, lehmig oder moorig? Davon hängt ab, ob er Wasser gut speichern kann oder ob es schnell versickert und die Erde austrocknet. Manche Böden sind außerdem nährstoffreich, andere eher mager, also nährstoffarm. Auch das Klima, also das Wetter im Verlauf der Jahre, bestimmt mit, welche Pflanzen und Tiere auf der Wiese vorkommen. Regnet es viel oder wenig? Wie kalt wird es im Winter, wie warm im Sommer? Wie windig ist es? Außerdem kommt es darauf an, wie die Wiese genutzt wird. Grasen dort Tiere, lassen sie oft Pflanzen stehen, die giftig sind und schlecht schmecken oder piksige Blätter, Nesseln oder Dornen haben. Dafür verschwinden Arten, die es gar nicht mögen, dass man sie ständig anknabbert und auf ihnen herumtrampelt.

Schon gewusst?

Wird eine Wiese nicht regelmäßig gemäht oder von Tieren abgefressen, wachsen dort schnell wieder Sträucher und Bäume. So war es, als im Mittelalter viele Menschen an der Pest gestorben sind. Damals entstanden auf Weiden und Feldern wieder Wälder. Mit der Industrialisierung und dem Wachstum der Städte im 19. Jahrhundert wurden dann jedoch wieder viele Wälder abgeholzt.

Tipps für Wiesenforscher

Wiesenforscherregeln

- Erfreue dich an den Blumen der Natur und pflücke Blumen nur im Garten!
- Hüte dich vor elektrischen Weidezäunen!
- Hinterlass keinen Müll in der Natur!
- Betritt keine Weiden, auf denen Rinder und Pferde grasen!
- Bring dich rechtzeitig in Sicherheit, wenn ein Unwetter aufzieht!
- Lauf nicht quer über die Wiesen, denn dabei würdest du viele Pflanzen zertreten!
- Bleib immer in Sichtweite deiner erwachsenen Begleiter!
- Forsche am Wiesenrand! Dort gibt es genug zu sehen.
- Lass die wilden Tiere in ihrem Lebensraum und störe sie nicht unnötig!

WIESEN-FORSCHER

Wiesen-Hörspiel

Schließe einmal deine Augen und lausche! Hörst du die Insekten summen? Was hörst du noch? Notiere alle Geräusche!

Maulwurfshügel

Hast du auf einer Weide ein paar Maulwurfshügel entdeckt? Versuche herauszufinden, wie die darunterliegenden Gänge verlaufen und wo sie sich kreuzen! Fertige eine kleine Zeichnung vom Gangsystem an!

Schmetterlinge beobachten

Pirsche dich vorsichtig an einen Schmetterling heran und beobachte ihn! Ruht er mit zusammengelegten Flügeln? Oder saugt er an einer Blüte? Kannst du den Saugrüssel erkennen? Welche Schmetterlingsart ist es?

Hummelkasten

Fülle einen Ton-Blumentopf zu drei Vierteln mit trockenem Moos oder Holzwolle und grabe den Topf umgestülpt, also mit dem Bodenloch nach oben, im Garten an einem trockenen, sonnigen, windgeschützten Ort ein! Decke das Loch ab, wie das Bild es zeigt, damit das Nest wettergeschützt ist! Pflanze neben dein Hummelnest Wiesensalbei oder Klee als Nektarspender.

Kuckucksspeichel

Wiesenschaumzikaden ähneln kleinen Heuschrecken und können sehr gut springen. Ihre grünen Larven saugen Säfte aus Pflanzenstängeln und schützen sich mit einem Schaumnest („Kuckucksspeichel") vor Ameisen und Austrocknung. Schau dir einmal den Kuckucksspeichel durch deine Lupe genau an! Erkennst du die winzige Larve?

Vögel

Auf blühenden Wiesen und an Feldrändern ist der Tisch für Vögel reich gedeckt: Greifvögel wie Turmfalke oder Bussard machen Jagd auf die unzähligen Mäuse, die dort leben. Neuntöter, Feldlerchen, Goldammern und viele andere Singvögel werden von den vielfältigen Insekten, Spinnen und Samen angelockt, die es auf Wiesen und Feldern gibt.

◄ Zaunkönig

Größe: bis zu 10 cm
Kennzeichen: bräunlich gefiedert, Schwanzfedern stehen aufrecht; singt für seine Größe sehr laut

▲ Goldammer

Größe: bis zu 17 cm
Kennzeichen: Männchen mit goldgelbem Gefieder, Weibchen goldbraun, langer Schwanz; frisst Insekten, behaarte Raupen, im Winter Samen und Getreide; Gesang klingt wie „wiwiwihabichdichlieb"

▲ Distelfink

Größe: bis 13 cm
Kennzeichen: hellbraun, schwarz-weiß-roter Kopf, gelber Flügelstreifen, spitzer Schnabel; frisst Samen von Disteln und Kletten, selten auch Blattläuse; ruft „didelit" oder „stiglit"

▲ Feldsperling

Größe: bis zu 14 cm
Kennzeichen: braun-grauer Singvogel mit schwarzem Kehlfleck; frisst Samen, Getreide, Knospen, Beeren und Insekten; äußerst gesellig, schließt sich oft zu größeren Verbänden zusammen; nimmt gern ausgiebige Staubbäder; ruft „tschilp-tschilp"

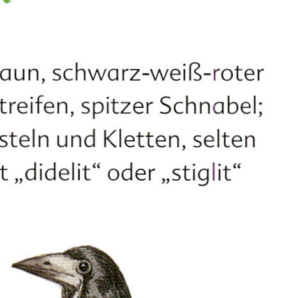

▲ Neuntöter

Größe: bis zu 18 cm
Kennzeichen: Männchen mit grauem Kopf, rotbraunen Flügeln, Weibchen mehr bräunlich; frisst Insekten, Spinnen, Vögel und Mäuse; baut sein Nest in Dornenbüsche

► Saatkrähe

Größe: bis zu 46 cm
Kennzeichen: schwarzes, metallisch glänzendes Gefieder; frisst Regenwürmer, Insekten, Schnecken, Mäuse, Samen, Getreide und Früchte; zieht im Winter in Schwärmen über Äcker und Wiesen; ruft „kra-kra"

▲ Weißstorch

Größe: bis 110 cm
Kennzeichen: schwarz-weißes Gefieder, langer Hals, roter Schnabel und rote Beine, frisst Frösche, Mäuse, Regenwürmer und große Insekten, baut ein wagenradgroßes Nest aus Ästen und Zweigen; klappert mit dem Schnabel

◄ Fasan

Größe: bis zu 90 cm
Kennzeichen: Hühnervogel, Hahn ist größer und bunter und mit längeren Schwanzfedern ausgestattet als die Henne; frisst Samen, Knospen, Blätter und Insekten; ruft „gököck"

▲ Turmfalke

Größe: bis zu 36 cm
Kennzeichen: rotbraun mit schwarzen, rautenartigen Flecken, langer Schwanz; frisst Mäuse, Eidechsen und Insekten; brütet in Felswänden und in Mauerlöchern hoher Gebäude; jagt auf Wiesen und Feldern; oft im Rüttelflug zu beobachten, ruft „ti-ti-ti-ti"

▲ Mäusebussard

Größe: bis zu 57 cm
Kennzeichen: dunkelbraunes bis weißliches Gefieder, kurzer Schwanz, gebogener Greifvogelschnabel, scharfe Krallen; häufigster heimischer Greifvogel; ruft miauend „hijäh"

▲ Roter Milan

Größe: bis 72 cm
Kennzeichen: Zugvogel, dunkelrotbraun, tief gegabelter rot-brauner Schwanz, ruft nur im Frühling „wie-uh- wie-uh"

ACH SO!

Die Wiese als Brutplatz

Viele Wiesenvögel wie die Feldlerche oder der Kiebitz bauen sich Nester direkt am Boden und legen Eier hinein, die durch ihre Färbung gut getarnt sind. Damit ihr Nest nicht von Feinden entdeckt wird, fliegt die Feldlerche nie direkt zu ihrem Nest, sondern landet einige Meter davon entfernt und legt die letzten Meter unauffällig zurück. Auch der Kiebitz war früher regelmäßig auf Wiesen anzutreffen. Doch die gibt es immer seltener. Daher versucht er heute, auf Ackerland zu brüten.

▲ Feldlerche

Größe: bis zu 18 cm
Kennzeichen: bräunliches Gefieder, kurze Federhaube auf dem Kopf; frisst Samen, Körner und Insekten; trillert und jubiliert

◀ Kiebitz

Größe: bis zu 31 cm
Kennzeichen: schwarz-weißes Gefieder, schwarzer Federschopf, kurzer Schwanz; frisst Insekten, Spinnen, Schnecken und Samen; Männchen vollführt während der Balz rasante Sturzflüge; ruft „kiewit"

Kleine Fellträger

Feldhase und Feldmaus tragen den Lebensraum, in dem sie leben, schon in ihrem Namen. Sie haben sich an offene Landschaften angepasst, die kaum Verstecke bieten, dafür jedoch einen weiten Blick ermöglichen. Kein Wunder, dass ihnen Wälder mit dicht stehenden Bäumen nicht gefallen.

ACH SO!

Kaninchen oder Hase?

Wer hoppelt denn da davon? Ist es ein Kaninchen oder ein Hase? Das kannst du ganz leicht erkennen: Achte auf die Schwanzbewegung! Beim Wildkaninchen wippt der Schwanz auf und ab und „blinkt" mit der weißen Unterseite. Beim Feldhasen ist der Schwanz die ganze Zeit nach unten gerichtet. Der Feldhase hat zudem längere Ohren mit schwarzen Spitzen, lange kräftige Hinterbeine und ist deutlich größer.

▲ Wildkaninchen

Größe: bis zu 45 cm
Kennzeichen: braunes Fell, kurze Ohren, kurze Hinterbeine; frisst Gräser, Kräuter, Rinden, Knospen, Triebe und Wurzeln; bringt nackte, blinde Junge zur Welt; lebt in Familienverbänden in unterirdischen, weit verzweigten Tunneln und Höhlen; flüchtet bei Gefahr in unterirdischen Bau

◄ Feldhase

Größe: bis zu 75 cm
Kennzeichen: braunes Fell, lange Ohren, lange Hinterbeine; frisst Gräser, Kräuter, Rinden, Knospen und Zweige; bringt Junge mit Fell und offenen Augen zur Welt; ruht tagsüber tief geduckt in seiner Sasse (Mulde); drückt sich bei Gefahr regungslos an den Erdboden oder flieht Haken schlagend, ist dabei bis zu 70 km/h schnell

◄ Feldhamster

Größe: bis zu 34 cm
Kennzeichen: „buntestes" europäisches Pelztier, meist gelbbraun bis fast schwarz; ungeselliger Einzelgänger; lebt in unterirdischem Bau mit Wohnkessel; legt sich für den Winter Vorratskammer mit Getreide an

▲ Maulwurf

Größe: bis zu 16 cm
Kennzeichen: schwarzes Fell, Vorderbeine zu Grabschaufeln umgewandelt, winzige Augen; frisst Regenwürmer, Insekten und deren Larven; lebt ständig unterirdisch

◄ Feldmaus

Größe: bis zu 12 cm
Kennzeichen: gelb- bis graubraunes Fell, kurzer Schwanz; frisst alle grünen Pflanzenteile, Wurzeln, Samen, auch Insekten, Spinnen und andere kleine Tiere; häufigste und bekannteste heimische Wühlmaus; eine von Feldmäusen bewohnte Wiese ist gut an den zahlreichen Mäusestraßen erkennbar

▲ Feldspitzmaus

Größe: bis zu 8,5 cm
Kennzeichen: Oberseite braungrau, Unterseite weißgrau; frisst Insekten, Spinnen und Schnecken; beim Verlassen der Höhle bilden die Jungtiere eine Kette, indem sie sich am Hinterteil des „Vordermannes" festbeißen

◄ Igel

Größe: bis zu 30 cm lang
Kennzeichen: dichtes Stachelkleid; bei der Geburt sind die Stacheln der blinden Jungen noch weich; frisst Regenwürmer, Insekten, Spinnen, Asseln, Schnecken, Kröten, Vögel und Vogeleier; schmatzt und schnüffelt laut; hält Winterschlaf

▲ Mauswiesel

Größe: bis zu 23 cm
Kennzeichen: rotbraunes Fell mit weißem Bauch, langer Schwanz; frisst Feldmäuse und andere kleine Mäuse; kleinstes Raubtier der Erde; sucht auf den Hinterbeinen stehend die Umgebung nach Beutetieren ab; kommt im Winter auch in Dörfer und Siedlungen

▲ Fuchs

Größe: bis zu 75 cm
Kennzeichen: Oberseite rötlich, Unterseite weiß, Beine und Ohren schwarz, langer buschiger Schwanz; frisst Mäuse, Insekten, Kaninchen, Vogeleier, Früchte und Aas; bewohnt unterirdischen Bau; markiert sein Revier mit Duftspuren aus Kot und Urin

▲ Reh

Größe: bis zu 140 cm
Kennzeichen: braunrotes Fell mit gelblichem „Spiegel", im Winter graubraun, Rehbock mit Geweih; frisst Kräuter, Knospen und Gräser; Ricke setzt Rehkitz im Nest auf einer Wiese ab, aufgrund des fehlenden Eigengeruchs können Raubtiere es nicht wittern

Das bunte Flattern

Die meisten Schmetterlinge ernähren sich von Nektar, den sie mit ihren langen Rüsseln aus den Blüten saugen. Bei der Bestäubung vieler Pflanzen spielen die Schmetterlinge eine wichtige Rolle. Schmetterlinge durchlaufen in ihrer Entwicklung vier Stadien: Ei, Larve (Raupe), Puppe (Kokon) und Falter.

Die Flügelfarben der Schmetterlinge

Schmetterlingsflügel haben jede Menge kleine Schuppen auf der Oberfläche. Die Schuppen sorgen für die verschiedenen Farben. Manche Farben entstehen, weil die Schuppen bestimmte Farbstoffe enthalten. Andere Farben entstehen dadurch, dass die Schuppen gerippt sind und nur bestimmte Strahlen des Sonnenlichts zurückwerfen (reflektieren). Diese Farben sind besonders leuchtend und schillern meist blau oder grün. Beim Tagpfauenauge leuchten besonders die „blauen Augen" auf den Flügeln.

▼ Tagpfauenauge
Flügelspannweite: 50 — 55 mm
Kennzeichen: häufigster heimischer Schmetterling mit auffälligem Augenfleck auf den Flügeln; Raupen an Brennnesseln; Falter überwintert

▲ Admiral
Flügelspannweite: 50 — 60 mm
Kennzeichen: Wanderfalter aus dem Süden; Raupen in Blattrolle an Brennnesseln

▲ Kleiner Fuchs
Flügelspannweite: 40 — 50 mm
Kennzeichen: rotbraun mit Mustern; häufig; Falter überwintert; Raupen an Brennnesseln

▲ Gemeiner Bläuling
Flügelspannweite: 25 — 30 mm
Kennzeichen: Männchen violett-blau, Weibchen unauffällig braun-blau mit orangefarbenen Flecken an den Außenrändern der Hinterflügel; Raupen an Klee

▲ Distelfalter

Flügelspannweite: 45 — 60 mm
Kennzeichen: gelbbraun-orange gemustert; Wanderfalter aus dem Süden; die Raupen leben in der südlichen Heimat des Distelfalters

▲ Landkärtchen

Flügelspannweite: 28 — 40 mm
Kennzeichen: im Frühjahr gelb-braun, im Sommer schwarz-braun; Raupen an Brennnesseln

▲ Schachbrett

Flügelspannweite: 37 — 52 mm
Kennzeichen: schachbrettartig gemustert; fliegt langsam; gelbgrüne Raupen auf Gräsern

▲ Kleines Wiesenvögelchen

Flügelspannweite: 23 — 33 mm
Kennzeichen: rostbraun mit dunklem Fleck; sehr häufig; Raupen auf Gräsern

◄ Schwalben-schwanz

Flügelspannweite: 50 — 75 mm
Kennzeichen: schwarz-gelb gemustert mit blauer Binde und roten Augenflecken; einer unserer größten und auffälligsten Falter; Raupen an Doldenblütlern

▲ Großes Ochsenauge

Flügelspannweite: 40 — 48 mm
Kennzeichen: braun mit Augenfleck; ruht an heißen Tagen im Schatten; Raupen an Gräsern

▲ Esparsetten-Widderchen

Flügelspannweite: 35 — 40 mm
Kennzeichen: rote Flecken auf schwarzen Flügeln; langsames, schwerfälliges Flugverhalten; bildet abends Gesellschaften aus vielen, dicht aneinander geschmiegten Faltern; Raupen an Süß- und Hornklee; Raupen und Falter giftig

▲ Aurorafalter

Flügelspannweite: 35 — 45 mm
Kennzeichen: Männchen mit orangefarbenem Fleck, Weibchen ohne; Raupen an Raps und anderen Kreuzblütlern

Bienen, Wespen, Hummeln und Co.

Wespen, Bienen und Hummeln zählen zu den Hautflüglern, von denen es bei uns über 10 000 verschiedene Arten gibt. Zu ihnen gehören auch die räuberischen Ameisen und die Schlupfwespen. Bienen und Hummeln sind wichtige Blütenbestäuber.

▲ Wiesenhummel

Größe: bis zu 14 mm
Kennzeichen: struppig behaart, schwarz mit gelbem Kragen und gelben Streifen, das Hinterende ist auf der Oberseite orange; bildet im Sommer Völker von 50 bis 100 Tieren

▲ Rotpelzige Sandbiene

Größe: 8 — 12 mm
Kennzeichen: mit roten Haaren auf der Ober- und schwarzen Haaren auf der Unterseite; gehört zu den einzeln lebenden Wildbienen; legt ihre Eier im Sand ab

▲ Deutsche Wespe

Größe: 12 — 20 mm
Kennzeichen: schwarz-gelb gemustert mit schwarzer Zeichnung auf dem Kopfschild; lebt in Staaten, die jedes Jahr neu von der Königin gegründet werden

▲ Hornisse

Größe: 18 — 35 mm
Kennzeichen: rot-braun oder schwarz gefärbte Brust mit gelb-schwarzen oder gelb-braunen Streifen am Hinterleib; unsere größte Wespe; lebt in Staaten aus 400 bis 700 Tieren

▲ Bienenwolf

Größe: 8 — 17 mm
Kennzeichen: gelb-schwarz mit großem Kopf; überfällt Honigbienen beim Blütenbesuch

▲ Schwebfliege

Größe: 10 — 11 mm
Kennzeichen: gelb-schwarze Warnfarbe zum Schutz vor Räubern; harmlos; kann in der Luft auf der Stelle schweben

▲ Mistbiene

Größe: 14 — 16 mm
Kennzeichen: Schwebfliege, ähnelt einer Biene, besucht Blüten; Larven entwickeln sich in Jauche und Misthaufen

▲ Feldgrille

Größe: 17 — 23 mm
Kennzeichen: schwarz mit gelb gezeichneten Flügeln; großer Kopf; frisst Gräser, Kräuter und kleinere Insekten; lebt in Erdröhren; Männchen verteidigen ihr Revier gegen Eindringlinge

Von Blüte zu Blüte

Die bunten Blütenblätter locken zahlreiche Insekten an. Krabbelt eine Hummel in die Blüte, um den süßen Nektar aufzusaugen, berührt sie die Staubbeutel, sodass Pollen herausfallen. Die sammelt die Hummel für seinen Nachwuchs ein. Dann geht es zur nächsten Blüte. Beim Hineinkrabbeln streift die Hummel einen Teil der gesammelten Pollen von der ersten Blüte auf der Narbe der zweiten Blüte ab. Von dort gelangen die Pollen in den Fruchtknoten. Im Fruchtknoten entwickeln sich Samenkörner, die auf verschiedene Weisen verbreitet werden. Wenn sie keimen, wachsen daraus neue Pflanzen. Bienen und Hummeln transportieren die Pollen an den Hinterbeinen. Damit sehen sie aus, als hätten sie „Höschen" an.

▲ Graue Fleischfliege

Größe: 13 — 15 mm
Kennzeichen: grau, Würfelmuster auf dem Hinterleib; sitzt oft auf Blüten

▲ Wollschweber

Größe: 9 — 14 mm
Kennzeichen: pelzig behaart; nach vorn gestreckter Saugrüssel; kann nicht stechen

▲ Erdhummel

Größe: bis zu 25 mm
Kennzeichen: pelzig behaart, schwarz mit gelben Streifen und weißem Hinterende; frisst Blütennektar und Blütenstaub (Pollen); weibliche Hummeln können stechen, tun dies aber nicht so rasch wie Bienen und Wespen

▲ Gemeiner Grashüpfer

Größe: 13 — 22 mm
Kennzeichen: grüne oder braune Heuschrecke; ernährt sich von verschiedenen Gräsern; der Gesang entsteht, indem er die Hinterbeine an den Flügeln entlang schabt; bei uns recht häufig

◄ Wiesenschaumzikade

Größe: 53 — 69 mm
Kennzeichen: bräunlich oder schwarz gefärbt mit vielen verschiedenen Farbmustern; baut Schaumnester, die am Wiesen-Schaumkraut hängen (die sogenannte „Kuckucksspucke"); ihre Sprungkraft übertrifft sogar noch die eines Flohs

Das große Krabbeln

Am Wiesenboden, an Pflanzenstängeln oder auf Blüten laufen, krabbeln und kriechen eine Menge kleiner Insekten und Spinnentiere. Die meisten sind so klein, dass man sie oft nicht bemerkt. Du musst schon ganz genau hinschauen, um sie zu entdecken. Insekten wie Käfer und Wanzen krabbeln auf sechs Beinen umher. Spinnen haben weder Flügel noch Fühler, dafür aber acht Beine.

▲ Streifenwanze

Größe: 8 — 12 mm
Kennzeichen: auffallend rot-weiß gestreift; oft auf Doldenblüten des Wiesenkerbels zu finden

◄ Glühwürmchen

Größe: 10 — 20 mm
Kennzeichen: Männchen braun, Weibchen rotbraun; dämmerungs- und nachtaktiv; Weibchen machen die Männchen mit Leuchtkörpern an der Bauchseite des Hinterleibs auf sich aufmerksam

► Gelbe Wiesenameise

Größe: 2 — 9 mm
Kennzeichen: gelb bis zartbraun; ernährt sich von Honigtau; verlässt ihr Nest nur selten; eine unserer häufigsten Ameisen

▼ Roter Weichkäfer

Größe: 7 — 10 mm
Kennzeichen: rotgelb, Enden der Deckflügel dunkel gefärbt; massenhaft auf Doldenblüten anzutreffen; häufigster Käfer des Spätsommers

ACH SO!

Erfolgreiche Jäger

Käfer sind mit etwa 350 000 bisher entdeckten Arten die erfolgreichste Tiergruppe der Erde. Ungefähr jedes vierte Tier der Erde ist ein Käfer. In Deutschland gibt es über 6500 Käferarten. Treten sie in Massen auf, können sie großen Schaden anrichten. Nützlich sind hingegen die Käfer, die Schädlinge vertilgen. Zu ihnen zählen etwa die Laufkäfer oder Weichkäfer. Sie fressen Blattläuse, Insektenlarven, Raupen, Schnecken und Würmer.

▲ Siebenpunkt-Marienkäfer

Größe: 5 — 8 mm
Kennzeichen: rot mit sieben schwarzen Punkten; frisst Blattläuse; sondert bei Gefahr an den Beinen eine gelbe Flüssigkeit ab, die stinkt und bitter schmeckt

▶ Schwarzgehörnter Totengräber

Größe: 12 — 18 mm
Kennzeichen: vergräbt kleine tote Tiere im Erdboden, Weibchen legt Eier darauf ab und füttert mit dem Aas die Larven

▲ Veränderliche Krabbenspinne

Größe: 0,4 — 1 cm (ohne Beine)
Kennzeichen: weiß oder gelb gefärbt, kann Körperfarbe von Weiß nach Gelb und wieder zurück verändern; die beiden vorderen Beinpaare sind länger als die hinteren; frisst Insekten; kann hervorragend sehen; baut kein Spinnennetz

▲ Goldglänzender Laufkäfer

Größe: 18 — 32 mm
Kennzeichen: goldgrün schimmernder Käfer; erbeutet Insektenlarven, Schnecken und Regenwürmer

▶ Wespenspinne

Größe: 0,5 — 2,5 cm (ohne Beine)
Kennzeichen: gelb-schwarz gestreift; frisst vor allem Heuschrecken, aber auch andere Insekten; baut auffällige Netze mit weißem Zickzackband

▲ Baldachinspinne

Größe: 1,5 — 3 mm (ohne Beine)
Kennzeichen: webt Gespinstteppiche mit Spann- und Stolperfäden in Bodennähe

GIFTIG!

vollgesogen   normal

▲ Zecke

Größe: vollgesogen 0,5 — 1 cm (ohne Beine)
Kennzeichen: lauert in hohen Gräsern oder im niedrigem Gebüsch auf Tiere oder Menschen, die vorbeigehen, heftet sich an deren Körper; saugt Blut; kann gefährliche Krankheiten übertragen

▲ Ammen-Dornfinger

Größe: 1 — 1,5 cm (ohne Beine)
Kennzeichen: die einzige giftige Spinne bei uns, ihr Biss kann zu Schüttelfrost und Lähmungen führen; sehr selten

Kleine Tiere

Auf unseren Wiesen kannst du eine Vielzahl an verschiedenen Lurchen und Kriechtieren entdecken. Frösche und Kröten etwa sind Froschlurche. Wegen ihrer feuchten Haut meiden sie sonnig-trockene Plätze. Ein sonniges Plätzchen zum Auftanken benötigen hingegen Eidechsen, Blindschleichen und Schlingnattern. Am und im Boden leben Schnecken und Würmer.

▶ Grasfrosch

Größe: bis zu 11 cm
Kennzeichen: braun; kommt nur zum Laichen ans Wasser; frisst Regenwürmer, Schnecken, Spinnen und kleine Insekten; streift in der übrigen Zeit auf Wiesen und Weiden umher

▲ Wechselkröte

Größe: bis zu 10 cm
Kennzeichen: gedrungen, grünes Punktmuster; frisst Käfer und Ameisen; wanderfreudig; nachtaktiv

Wandernde Kröten

ACH SO!

Kreuz- und Wechselkröten sind richtige Vagabunden. Sie ziehen umher und sind mal auf sonnigen Wiesen, dann wieder in Kiesgruben oder am Rand von Feldern zu finden. Ihre Eier legen Kreuz- und Wechselkröten in kleinsten Gewässern wie Pfützen, Tümpeln oder Steinbrüchen ab. Die Larven müssen sich schnell entwickeln, damit das Wasser nicht verdunstet ist, bevor sie es verlassen können.

▲ Zauneidechse

Größe: bis zu 24 cm
Kennzeichen: wärmeliebend; bewegt sich schlängelnd fort; wirft bei Gefahr den Schwanz ab, der etwas kürzer wieder nachwächst; unsere häufigste Eidechse

◀ Kreuzkröte

Größe: bis zu 8 cm
Kennzeichen: gedrungen, gelber Längsstrich auf dem Rücken; frisst Insekten und Würmer

Sonnenanbeter

Auf Wiesen und an Wegrändern gibt es viele sonnige Plätzchen. Hier fühlen sich Reptilien wie Zauneidechse, Blindschleiche oder Schlingnatter wohl. Sie gehören zu den wechselwarmen Tieren, das heißt: Sie können ihre Körpertemperatur nicht selbstständig gleich hoch halten.

▲ Blindschleiche

Größe: bis zu 50 cm
Kennzeichen: beinlose Echse — keine Schlange; harmlos; frisst Schnecken und Regenwürmer

▶ Schlingnatter

Größe: bis zu 90 cm
Kennzeichen: Schlange, grau bis braun mit dunklen Flecken; umschlingt Eidechsen und andere kleinere Beutetiere; ungiftig

▶ Regenwurm

Größe: bis zu 30 cm
Kennzeichen: Körper besteht aus vielen kleinen Gliedern; nachtaktiv; zieht abgestorbenes Pflanzenmaterial in seine unterirdischen Gänge, schaffen durch ihren Kot neuen Humus; in einem Wiesenstück von 1 mal 1 m können bis zu 1000 Regenwürmer leben

▶ Hain-Bänderschnecke

Größe: bis zu 2,5 cm
Kennzeichen: gelbes Schneckenhaus mit dunklen Bändern und dunklem Querstreifen am Ausgang; frisst abgestorbene Pflanzenteile; verschließt bei Trockenheit ihr Gehäuse mit einem Kalkdeckel

▼ Weinbergschnecke

Größe: bis zu 10 cm
Kennzeichen: frisst Pflanzen, riecht und tastet mit ihren Fühlern; kann leichte Beschädigungen ihres Gehäuses „reparieren"

▶ Rote Wegschnecke

Größe: bis zu 15 cm
Kennzeichen: Nacktschnecke; frisst frisches Grün; zieht sich bei Störung zusammen

Lebensraum Wald

Im Wald sind Bäume das herausragende Merkmal. Zusammen mit den Sträuchern, Blumen, Gräsern und Farnen bilden sie einen vielfältigen Lebensraum, in dem sich viele Tiere heimisch fühlen. Wälder gibt es in den Ebenen und in den Bergen, auf trockenem Boden und entlang der Flüsse.

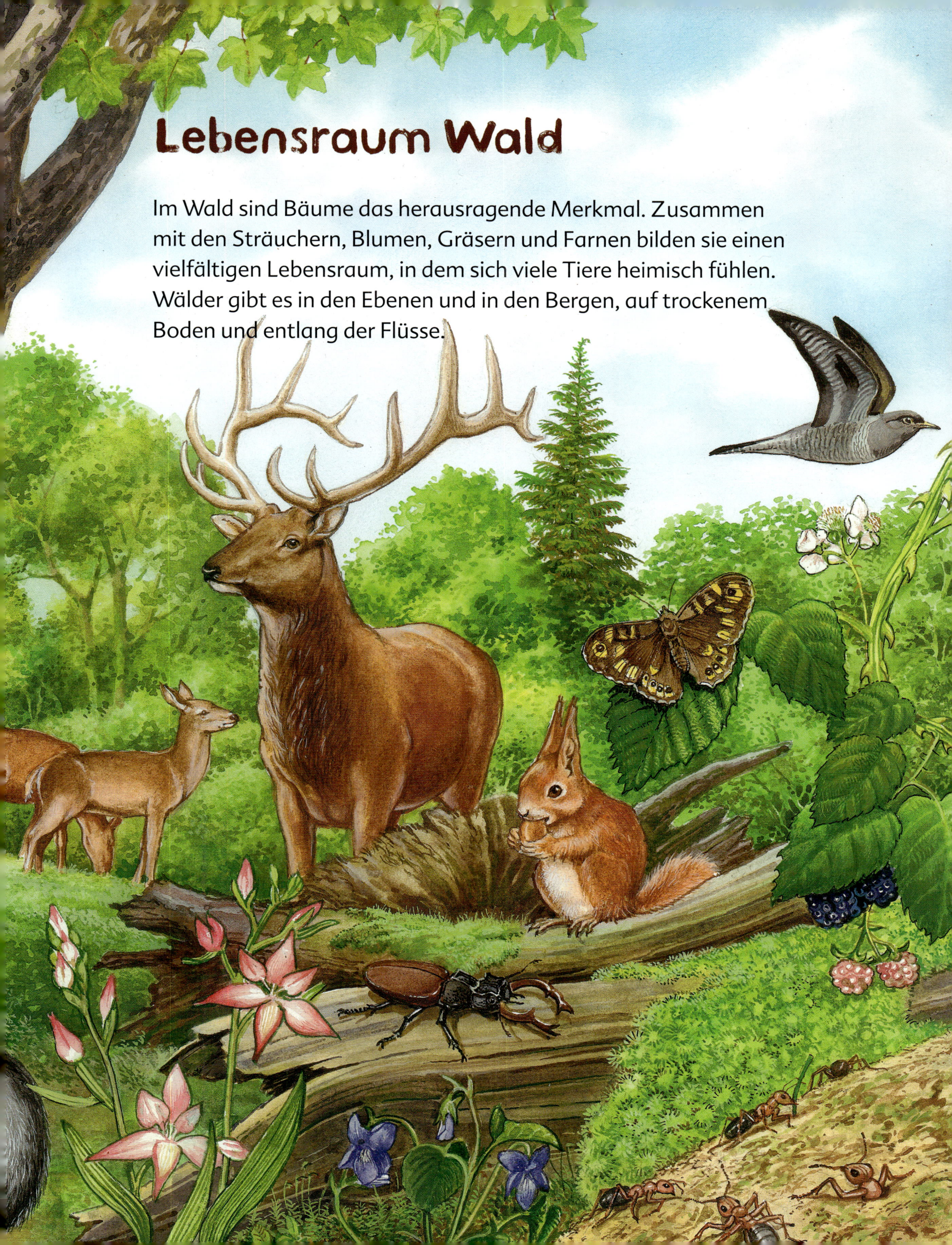

Was ist ein Wald?

Ein Wald ist eine große Gemeinschaft. Hier wachsen viele Bäume, manchmal auch Sträucher, Blumen und Kräuter.
Außerdem bietet der Wald zahlreichen Tieren einen Lebensraum. Viele von ihnen ernähren sich von Pflanzen des Waldes und finden hier Schutz vor Feinden. Gleichzeitig helfen sie den Pflanzen bei ihrer Vermehrung und Verbreitung.

Der Förster markiert mit bunten Zeichen die Bäume, die gefällt werden sollen.

Unsere Wälder heute

Ob Laub-, Nadel- oder Mischwald: Die meisten unserer Wälder sind Wirtschaftswälder. Wenn die Bäume eine bestimmte Größe erreicht haben, werden sie gefällt, abtransportiert und im Sägewerk zu Brettern verarbeitet, aus denen später zum Beispiel Möbel und Holzhäuser gebaut werden. Auch die krummen und dünnen Bäume, die man als Brennholz benutzen kann, werden weggeschafft. Kein Wunder, dass ein Wirtschaftswald sehr ordentlich wirkt.

Wie sieht ein Urwald aus?

Ganz anders sieht es in einem Urwald aus: Hier darf alles wachsen, wie es will, niemand räumt etwas weg. Vor allem die alten und abgestorbenen Bäume sind für die Natur sehr wichtig: Sie haben natürliche Höhlen, in denen viele Tiere leben, zum Beispiel Käfer und Wespen, aber auch Spechte und Meisen nutzen das Totholz als Lebensraum. Wenn ein Sturm ein paar Bäume umwirft, bleiben sie liegen und verrotten mit der Zeit. Es entsteht kurzfristig eine natürliche Lichtung.

Warum gibt es Nationalparks?

In einem Urwald leben viel mehr Tiere als in einem Wirtschaftswald. Als die Menschen vor ungefähr 2500 Jahren damit begannen, den Urwald in Mitteleuropa intensiv abzuholzen, verloren viele Tiere — zum Beispiel Bären, Wölfe, Elche, Wisente und Auerochsen ihren Lebensraum. Außerdem jagten die Menschen einige Tiere als Nahrung. Andere wurden erlegt, weil die Menschen Angst vor ihnen hatten oder fürchteten, dass sie ihre Nutztiere töten könnten. Heute entstehen in den Nationalparks neue Urwälder. Dort versuchen Tierforscher und Tierschützer, die alten Tierarten wieder einzubürgern.

Schon gewusst?

Sommergrüne Laubwälder sind typisch für Mitteleuropa. Sie bestehen aus Laub- und Nadelbäumen. In diesen Wäldern können viele verschiedene Tiere und Pflanzen leben. So wurden in einem Buchen-Mischwald rund 600 Pflanzen-, 3000 Pilz- und 7000 Tierarten gezählt.

Bis in das frühe Mittelalter lebten in den Urwäldern Mitteleuropas Wisente. In freier Wildbahn sind die Tiere ausgestorben. Heutige Wisente sind Nachkommen von Zootieren.

Die Wildkatze hat sich erfolgreich wieder in unseren Wäldern angesiedelt, nachdem sie fast ausgerottet war.

In einem Urwald bleiben abgestorbene und gefallene Bäume einfach liegen. Sie bilden die Lebensgrundlage vieler Waldtiere.

Tipps für Waldforscher

Waldforscherregeln

- Hinterlass keinen Müll im Wald!
- Bleib im Wald immer in Sichtweite deiner erwachsenen Begleiter!
- Vorsicht! Lass dich von der Dunkelheit, von Gewitter oder Sturm nicht überraschen!
- Fass auf keinen Fall zutrauliche Wildtiere an! Es besteht Tollwutgefahr!
- Zerstöre Pflanzen nicht mutwillig!
- Lass die Tiere in ihrem Lebensraum und störe sie nicht!
- Mach im Wald kein Feuer!
- Suche nach einem Waldbesuch deinen Körper nach Zecken ab! Schüttle auch deine Kleidung aus!

WALD-FORSCHER

Anpirschen

Die meisten Waldtiere sind sehr scheu. Sobald sie dich hören oder riechen, fliehen sie. Versuche, dich wie ein Groß-wildjäger anzupirschen, wenn du zu einer Lichtung kommst. Sei ganz leise und achte darauf, dass der Wind von vorne kommt! Vielleicht entdeckst du mit dem Fernglas ja ein paar Waldtiere.

Wald-Memory

Sammle ein paar „Zutaten" für ein Wald-Memory!
Dazu brauchst du Paare, also immer zwei Stück von einer
Sorte: zum Beispiel zwei Blätter, zwei Zapfen oder zwei
Federn. Suche mindestens zehn Pärchen. Für das Spiel ver-
steckst du alle Fundstücke unter Pappbechern und mischt
sie gut durch. Die Spielregeln gehen wie beim Bilder-
Memory. Wer findet die meisten Pärchen?

Ameisenstraße

Zu einem Ameisenhaufen führen
viele „Ameisenstraßen". Schau dir
so eine Straße durch die Lupe genau
an. Welch ein Gekrabbel! Wohin laufen die Ameisen? Was transportieren
sie? Wie überwinden sie ein Hinder-
nis? Als Wegweiser benutzen die
Ameisen eine Duftspur. Was passiert,
wenn die Spur unterbrochen wird?

Spurensuche

Immer wenn du Abdrücke von
Pfoten oder Hufen findest, weißt du:
Hier ist ein Tier gelaufen. Trittspuren
kannst du am besten auf feuchtem
Boden oder im Schnee entdecken.
Geh im Wald auf Spurensuche!

vorn

hinten

Hase   **Eichhörnchen**   **Fuchs**

Reh   **Wildschwein**   **Amsel**

Säugetiere

Viele Säugetiere im Wald sind sehr scheu oder nur in der Dämmerung und nachts aktiv. Tagsüber verstecken sie sich und ruhen sich aus. Daher bekommt man sie nur selten zu Gesicht. Du kannst jedoch ihre Spuren entdecken: Fußspuren, Wohnbauten, Kot und Fraßspuren.

▶ Rothirsch

Größe: bis zu 250 cm
Kennzeichen: im Sommer rotbraunes, im Winter graubraunes Fell; Männchen mit mächtigem Stangengeweih, das im Spätwinter abgeworfen wird und im Sommer wieder nachwächst, Weibchen geweihlos; frisst Gräser, Eicheln und andere Baumfrüchte; Weibchen und Jungtiere leben im Rudel, Männchen sind Einzelgänger

▲ Dachs

Größe: bis zu 88 cm
Kennzeichen: graubraunes Fell, buschiger Schwanz; frisst Mäuse, Hasen, Rehe, Früchte und Insekten; jagt im Rudel; siedelt heute wieder in naturnahen Gebieten

Von wegen dreckige Schweine!

ACH SO!

Viele Waldtiere suchen ganz bestimmte Orte auf, um ihren Körper zu reinigen. Das Putzen ist wichtig, denn nur ein sauberes Fell hält warm. Wildschweine etwa besuchen im Sommer regelmäßig Schlammpfützen, in denen sie sich ausgiebig suhlen. Dabei kühlen sie nicht nur ihren Körper, sondern werden mit dem Schlamm auch störende Parasiten los. Den getrockneten Schlamm reibt das Wildschwein an Baumstämmen wieder ab.

▲ Wildschwein

Größe: bis zu 180 cm
Kennzeichen: borstiges Fell, kreisrunde, rüsselförmige Nase, Männchen mit langen „Hauern"; durchwühlt mit seiner Rüsselschnauze den Erdboden nach Wurzeln, Knollen, Pilzen, Eicheln, Bucheckern, Insektenlarven und Aas, sucht auch auf Mais- und Kartoffelfeldern nach Nahrung; Männchen sind Einzelgänger, Bache verteidigt ihren Nachwuchs äußerst angriffslustig

▲ Wildkatze

Größe: bis zu 61 cm
Kennzeichen: Schwanzende schwarz und stumpf mit zwei bis drei schwarzen Ringen; frisst Mäuse, Kaninchen, junge Hasen, Vögel und Frösche; geht allein auf Jagd; früher häufig in unseren Wäldern anzutreffen, heute selten geworden

◄ Wolf

Größe: bis zu 140 cm
Kennzeichen: graubraunes Fell, buschiger Schwanz; frisst Mäuse, Hasen, Rehe, Früchte und Insekten; jagt im Rudel; bei uns fast ausgerottet, siedelt heute wieder in naturnahen Gebieten

▲ Baummarder

Größe: bis zu 58 cm
Kennzeichen: braunes Fell mit gelblichbraunem Kehlfleck; tötet seine Beute mit einem Biss in den Nacken; frisst Wühlmäuse, Eichhörnchen, Vögel, Vogeleier, Reptilien, Schnecken und Aas; geschickter Kletterer

▲ Eichhörnchen

Größe: bis zu 25 cm
Kennzeichen: rot- bis schwarzbraune Oberseite, weißlicher Bauch, buschiger Schwanz; frisst Eicheln, Nüsse und Samen von Nadelbäumen, Beeren, Knospen und Eier; springt und klettert gewandt an Bäumen; baut in den Baumkronen Kobel (Nester)

▲ Großer Abendsegler

Größe: bis zu 8 cm
Kennzeichen: große Fledermaus; rötlich-braun, häutige Flügel; frisst Nachtfalter, Grillen und Käfer; jagt rasant oberhalb der Bäume; Jagdlaute auch vom Menschen hörbar

◄ Siebenschläfer

Größe: bis zu 18 cm
Kennzeichen: graues Fell, lange Tasthaare an der Schnauze, große Augen, runde Ohren, buschiger Schwanz; frisst Knospen, Früchte, Beeren, Samen, Nüsse, Rinden und Blätter; hält über sieben Monate Winterschlaf

▲ Rötelmaus

Größe: bis zu 13 cm
Kennzeichen: rotbraunes Rückenfell, weißer Bauch; frisst Kräuter, Keimlinge und Rinde; wenig scheu; klettert auf Bäume; wohnt in unterirdischen Bauen; eines der häufigsten Säugetiere Europas

► Waldspitzmaus

Größe: bis zu 9 cm
Kennzeichen: braun bis schwarz-braune Oberseite, grauer Bauch, spitze Nase; ständig auf der Suche nach Insekten, Spinnen und anderen kleinen Beutetieren; keine Maus, sondern Insektenfresser

Vögel

In unseren Wäldern leben viele Vögel. Im Frühling machen sich die kleinen Singvögel durch ihren lauten Gesang bemerkbar. Dann ist Brutzeit, und die Männchen markieren singend ihre Reviere in den Büschen, Sträuchern und Baumkronen. Im Sommer, wenn die Jungen flügge sind, verstummen die Vögel. Nun wechseln sie ihr Gefieder.

▲ Tannenmeise

Größe: bis zu 11 cm
Kennzeichen: oliv-gräulich, großer Kopf; sucht Nahrung in Fichten; brütet in Baumhöhlen; singt „wize-wize-wize"

▲ Rotkehlchen

Größe: bis zu 14 cm
Kennzeichen: Gesicht, Kehle und Brust orangerot; frisst Insekten und Beeren; wenig scheu; singt abwechslungsreich im Gebüsch und auf Bäumen

▲ Buchfink

Größe: bis zu 16 cm
Kennzeichen: Männchen bunt, Weibchen braun; baut sein napfförmiges Nest in Astgabelungen von Büschen oder Bäumen; ruft „zizizizi-teroitit"

▲ Kleiber

Größe: bis zu 14 cm
Kennzeichen: Oberseite blaugrau, Unterseite ockerfarbig oder rostrot, schwarzer Augenstreifen; frisst Insekten und Spinnen, Samen und Nüsse; brütet in leer stehenden Baumhöhlen; läuft in Spiralen den Baumstamm hinauf und kopfüber wieder herunter; ruft „wiwiwiwi"

▲ Waldbaumläufer

Größe: bis zu 14 cm
Kennzeichen: bräunlich mit weißem Bauch, langer Schwanz; stochert mit seinem Schnabel in der Baumrinde nach Beute, stützt sich dabei mit seinen Schwanzfedern ab; brütet in Baumspalten

▶ Buntspecht

Größe: bis zu 26 cm
Kennzeichen: Männchen mit rotem Nackenfleck; nutzt seine Kletterfüße sowie die Schwanzfedern beim Klettern als Stütze; frisst Käfer und Insektenlarven, Samen und Nüsse; lockt Weibchen mit kurzen Trommelwirbeln; brütet in Baumhöhlen; ruft „kick"

▲ Eichelhäher

Größe: bis zu 25 cm
Kennzeichen: rötlichbraunes
Gefieder mit blau-schwarzen
Flügeln; frisst Eicheln, Nüsse,
Insekten, Würmer, Eier und jun-
ge Vögel; kann bis zu 10 Eicheln
in seinem Kehlsack transpor-
tieren; ahmt die Rufe anderer
Vögel nach

▲ Kuckuck

Größe: bis zu 35 cm
Kennzeichen: blaugrau,
unten gebändert, langer
Schwanz; legt Eier in fremde
Nester von Singvögeln; ruft
„kuckuck"; sehr scheu

▶ Hohltaube

Größe: bis zu 32 cm
Kennzeichen: blaugrau, Nacken
grün schillernd, Brust rötlich;
brütet als einzige Taube in
Baumhöhlen; ruft leise „hu-ru"

▲ Sperber

Größe: bis zu 41 cm
Kennzeichen: Männchen
blaugrau mit weiß-rostrot
gebänderter Brust,
Weibchen bräunlich; jagt
niedrig über dem Boden
Vögel und Mäuse

▲ Habicht

Größe: bis zu 62 cm
Kennzeichen: Männchen
schwarzbraun, helle Unterseite,
Weibchen bräunlich; jagt Vögel
und Eichhörnchen; baut große
flache Nester, die zur besseren
Tarnung „begrünt" werden

▶ Waldohreule

Größe: bis zu 36 cm
Kennzeichen: rinden-
farbenes Gefieder,
verlängerte Kopffedern,
orangegelbe Augen;
frisst Mäuse, Reptilien
und kleine Vögel; ruft
leise „huhuhu"

▼ Waldkauz

Größe: bis zu 42 cm
Kennzeichen: bräunliches Gefieder, großer runder Kopf;
frisst am liebsten Mäuse, aber auch kleine Vögel, Frösche,
Regenwürmer oder Käfer; brütet in Baumhöhlen; unsere
häufigste heimische Eule; ruft „huuu-huuu"

ACH SO!

Lautlose Jäger der Nacht

Eulen wie der Waldkauz oder die Waldohr-
eule jagen lautlos in der Nacht. Sie verlassen sich
auf ihre guten Augen und ganz besonders auf ihr
Gehör, dem kein Rascheln im Laub entgeht. Damit
sie beim Lauschen nicht von ihren eigenen Flug-
geräuschen gestört werden, sind die Federn der
Eulen mit besonders feinen Haaren ausgestattet,
sodass sie geräuschlos fliegen können.

Fliegende Schönheiten am Tag und in der Nacht

Am Waldrand, an den Waldwegen und auf Lichtungen kannst du verschiedene Schmetterlinge beobachten. Diese hübschen Insekten mit den vier großen, bunt beschuppten Flügeln besuchen tagsüber die Blüten, um Nektar zu saugen. In der Nacht sind die Nachtfalter unterwegs.

▲ Waldbrettspiel

Flügelspannweite: 32 — 42 mm
Kennzeichen: dunkelbraun mit Flecken; Falter saugen Baumsäfte; Raupen auf Gräsern

▲ Kleiner Eisvogel

Flügelspannweite: 45 — 52 mm
Kennzeichen: Flügeloberseite dunkelbraun, Unterseite bunt; Raupen nur auf Waldgeißblatt

▲ Großer Schillerfalter

Flügelspannweite: 55 — 65 mm
Kennzeichen: Männchen metallisch blau; tagsüber auf Baumkronen, morgens am Wegrand

▼ Kleiner Frostspanner

Flügelspannweite:
Männchen 30 — 40 mm,
Weibchen 8 — 10 mm
Kennzeichen: Männchen mit bräunlichen Binden, Weibchen graubraun mit Stummelfügeln

▲ Trauermantel

Flügelspannweite: 55 — 65 mm
Kennzeichen: Falter saugen gern an Fallobst; Raupen an Weiden und Birken

Männchen

Weibchen

▲ C-Falter

Flügelspannweite: 42 — 50 mm
Kennzeichen: weiße, c-ähnliche Zeichnung; Raupe sieht aus wie Vogelkot; oft an Waldwegen oder Waldrändern zu finden

Perfekte Tarnung

Schmetterlinge sind wahre Meister der Tarnung. Um nicht entdeckt zu werden, haben sich viele Arten perfekt an die Umgebung angepasst. Der Birkenspanner zum Beispiel ist mit seinen weiß gefärbten Flügeln und den schwarzen Sprenkeln auf Ästen und Stamm einer Birke kaum auszumachen.

▲ Birkenspanner

Flügelspannweite: 35 — 60 mm
Kennzeichen: lange, schmale Flügel; weiß mit schwarzen Flecken; sitzt gern auf Birkenrinde

◀ Streckfuß

Flügelspannweite: 40 — 60 mm
Kennzeichen: hellgrau; streckt seine behaarten Beine nach vorne; Raupen auffällig behaart

▲ Kieferneule

Flügelspannweite: 30 — 35 mm
Kennzeichen: gelbbraun bis graubraun mit rotem Muster; sitzt tagsüber auf Kiefernstämmen; Raupen mattgrün

▲ Schlehenspinner

Flügelspannweite:
Männchen 25 — 30 mm, Weibchen 12 — 14 mm
Kennzeichen: Männchen rostbraun mit weißem Fleck und Fächerantennen, Weibchen nur Stummelflügel

▲ Mondvogel

Flügelspannweite: 42 — 55 mm
Kennzeichen: grau, großer gelber Fleck an der Flügelspitze, Flügel dachförmig angelegt; Raupen bis zu 60 mm lang

▲ Abendpfauenauge

Flügelspannweite: 70 — 80 mm
Kennzeichen: bräunlicher Falter, rosafarbene Hinterflügel mit blau-schwarzer Augenzeichnung; ruht tagsüber an Baumstämmen

GIFTIG!

▲ Eichen-Prozessionsspinner

Flügelspannweite: 25 — 35 mm
Kennzeichen: Falter unauffällig, Raupen gehen in Gruppen auf Nahrungssuche „Prozessionen"; Brennhaare der Raupen giftig

▲ Ringelspinner

Flügelspannweite: 25 — 35 mm
Kennzeichen: ockerfarben mit Querbinden; versteckt sich tagsüber; Raupe sehr bunt

Krabbeltiere mit sechs Beinen

Viele Krabbeltiere kannst du gut erkennen. Die Käfer etwa haben neben den insektentypischen sechs Beinen harte, teils auffällig gefärbte Deckflügel, die die zarten Hinterflügel schützen. Andere Sechsbeiner sind hingegen so klein, dass du eine Lupe brauchst, um sie zu sehen.

▲ Lederlaufkäfer

Größe: bis zu 4 cm
Kennzeichen: erbeutet nachts vor allem Schnecken; kann Verdauungssaft bis zu 1 m weit spritzen

▲ Scharlachroter Feuerkäfer

Größe: bis zu 1,8 cm
Kennzeichen: Larven jagen unter der Rinde Bock- und Prachtkäferlarven

▲ Waldmistkäfer

Größe: bis zu 2 cm
Kennzeichen: erkennt Kot am Geruch, legt Eier hinein; geschlüpfte Larven ernähren sich vom Kot

◄ Rothals-Aaskäfer

Größe: bis zu 1,5 cm
Kennzeichen: frisst Aas und Pilze, die er über den Geruch findet

▲ Pappelblattroller

Größe: bis zu 0,5 cm
Kennzeichen: metallisch grün, langer Rüssel; oft auf sonnigen Blättern; Larven sitzen in Blattrollen

▲ Maikäfer

Größe: bis zu 3 cm
Kennzeichen: kastanienbraun; fächerartige Fühler; die Larven leben am Boden

▲ Haselnussbohrer

Größe: bis zu 0,9 cm
Kennzeichen: Rüsselkäfer; Weibchen legen Eier in unreife Haselnüsse und bohren dazu Löcher hinein

◄ Nashornkäfer

Größe: bis zu 4 cm
Kennzeichen: kräftiger Käfer mit „Nashorn"; die Larven entwickeln sich in Eichenrindenmulch

◀ Hirschkäfer

Größe: bis zu 7,5 cm
(mit Zangen)
Kennzeichen: größter heimischer
Käfer; Oberkiefer der Männchen ge-
weihähnlich verlängert; sehr selten;
lebt in morschen Eichenbäumen

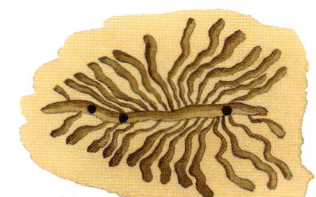

▼ Buchdrucker

Größe: bis zu 0,5 cm
Kennzeichen: Borkenkäfer; Muttergang in der
Baumrinde mit vielen gewundenen Seitengängen;
gefürchteter Waldschädling

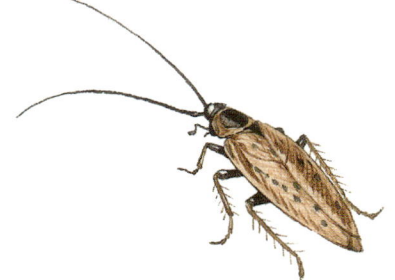

▲ Feuerwanze

Größe: bis zu 2 cm
Kennzeichen: in großen
Kolonien; saugt Säfte
von Pflanzen und von
abgefallenen Samen

▼ Waldschabe

Größe: bis zu 1,4 cm
Kennzeichen: Allesfresser;
wärmeliebend; tagaktiv;
wichtiger „Müllmann" im Wald

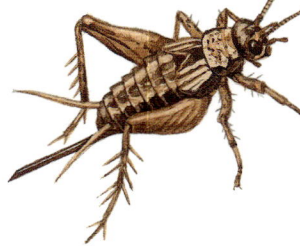

▲ Ohrwurm

Größe: bis zu 1,5 cm
Kennzeichen: harmlos; Zangen zum
Beutegreifen; jagt nachts Insekten

▲ Waldgrille

Größe: bis zu 1,5 cm
Kennzeichen: Männchen zirpt
nur leise, springt schnell und weit

▲ Springschwanz

Größe: bis zu 1,7 cm
Kennzeichen: flügelloses Urinsekt;
wichtiger Müllmann im Wald

▼ Waldameise

Größe: bis zu 1,1 cm
Kennzeichen: rot und schwarzbraun; frisst Insekten,
Aas und Samen, trinkt den Saft von Läusen (Honigtau); bewohnt Nest aus Baumnadeln, kleinen Ästen
und Moos; lebt in gut organisierten Staaten

ACH SO!

Baumeister des Waldes

Ameisen gehören zur Gesundheitspolizei des
Waldes. Sie räumen tote Tiere weg und fangen
viele schädliche Insekten. Die großen Hügelnester
der Roten Waldameise können bis zu einer Million
Tiere beherbergen. Ein Labyrinth von Gängen durch-
zieht die Bauten, die genauso weit in die Tiefe reichen,
wie sie nach oben ragen.

Krabbeltiere mit acht und mehr Beinen

Viele Krabbeltiere leben versteckt am Boden. Schaust du unter Steine, kleine Holzstücke oder im vertrockneten Laub, huschen sie aufgeregt umher, erstarren vor Schreck oder rollen sich zusammen. Auch viele Spinnen lauern am Waldboden auf Beute. Andere Achtbeiner weben ihr Netz lieber an Zweigen und im Gebüsch und warten, dass sich kleine Beutetiere darin verfangen.

▲ Bandfüßer

Größe: bis zu 20 mm
Kennzeichen: baut unter der Erde kreisrunde Nester für die Eier

◄ Doppelfüßer

Größe: bis zu 15 mm
Kennzeichen: Körper aus bis zu 19 Segmenten bestehend, 2 Beinpaare pro Segment; kommt an feuchten, schattigen Stellen vor

▲ Schnurfüßer

Größe: bis zu 40 mm
Kennzeichen: rund wie ein Bleistift, Körper aus bis zu 46 Segmenten bestehend, 2 Beinpaare pro Segment, bis zu 184 Beine gesamt; frisst verrottende Pflanzen

▲ Saftkugler

Größe: bis zu 20 mm
Kennzeichen: Tausendfüßer, ähnelt einer Kellerassel; rollt sich bei Gefahr kugelförmig zusammen

▲ Erdläufer

Größe: bis zu 40 mm
Kennzeichen: zwängt sich durch den Boden; jagt Würmer

▲ Streckerspinne

Größe: bis zu 1,2 cm (ohne Beine)
Kennzeichen: streckt in Ruhestellung Beine nach vorne und hinten aus; frisst kleine Insekten, die sie mithilfe ihres Radnetzes erbeutet

▲ Weberknecht

Größe: bis zu 8 mm (ohne Beine)
Kennzeichen: keine echte Spinne; Bein mit Sollbruchstellen; sucht zwischen Blumen und Kräutern nach toten und lebenden Insekten

▲ Kürbisspinne

Größe: bis zu 7 mm (ohne Beine)
Kennzeichen: webt handtellergroße Netze auf Blättern und zwischen Knospen; eine der häufigsten heimischen Spinnen

Warum bleiben Spinnen nicht in ihrem Netz hängen?

ACH SO!

Spinnen haben kleine Wachshaare an den Füßen, mit denen sie mühelos über das klebrige Netz laufen können. Das müssen sie übrigens regelmäßig neu weben, weil die Fäden ihre Klebrigkeit nach wenigen Tagen wieder verlieren. Ansonsten ist so ein Spinnenfaden äußerst strapazierfähig und kann bis zu 100 Meter lang werden. Besonders kunstvolle Radnetze spinnt die Kreuzspinne.

▼ Waldwolf-spinne

Größe: bis zu 8 mm (ohne Beine)
Kennzeichen: Weibchen im Sommer mit Eikokon am Hinterleib; jagt Insekten am Boden

► Kreuzspinne

Größe: bis zu 15 mm (ohne Beine)
Kennzeichen: typisches Kreuz auf dem Hinterleib; spannt ihre Netze oft zwischen Bäumen

▼ Feenlämpchen

Größe: bis zu 8 mm (ohne Beine)
Kennzeichen: versteckt sich tagsüber; Eikokons hängen wie Laternen an Zweigen

► Pseudoskorpion

Größe: bis zu 4 mm
Kennzeichen: Spinnentier; jagt vor allem Springschwänze

Kleine Waldtiere

In den Wäldern kannst du eine Vielfalt an verschiedenen Reptilien, Lurchen und Schnecken finden. Weil es auf einer Lichtung und am Waldrand oft auch sonnige Plätze gibt, fühlen sich hier sogar die Kreuzotter oder die Waldeidechse wohl. Auch für Reptilien wie Salamander, Kröten oder Frösche ist der Wald ein wichtiger Lebensraum.

ACH SO!

Vorsicht, giftig !

Die Kreuzotter ist eine echte Giftschlange. Die scheue Viper besitzt zwei Giftzähne im Oberkiefer, mit deren Hilfe sie ihre Beute tötet. Wenn du eine Kreuzotter überraschst, zum Beispiel morgens beim Sonnenbaden, entferne dich ruhig, also nicht hektisch, sondern langsam und vorsichtig. Kreuzottern können ihr Gift einen Meter weit spucken. Frisch aus dem Ei geschlüpfte Kreuzottern können genauso giftig beißen wie erwachsene Kreuzottern. Sie sind daher genauso gefährlich.

GIFTIG!

▼ **Kreuzotter**

Größe: bis zu 90 cm
Kennzeichen: Männchen mit schwarzem Zickzackmuster auf dem Rücken, Weibchen mit dunkelbraunem Zickzackmuster; frisst Mäuse, Frösche und Eidechsen; ist tagsüber aktiv, ruht den Winter über in Winterstarre in tiefen Erdlöchern

▲ **Waldeidechse**

Größe: bis zu 14 cm
Kennzeichen: braun gestreift; frisst Spinnen und Insekten; tagaktiv; sehr scheu

▼ Feuersalamander

Größe: bis zu 25 cm
Kennzeichen: glänzend schwarz-gelb; frisst Schnecken, Spinnen und andere kleine Tiere

GIFTIG!

Schwanzlurch gesucht

ACH SO!

In vielen Wäldern finden sich kleine Gewässer wie Bäche und Tümpel. In Ihrer Nähe findest du vielleicht einen Feuersalamander. Am Tag ist es den Tieren oft zu heiß und sie verstecken sich in Erdlöchern oder unter Steinen und Holzstücken, um ihre dünne feuchte Haut vor dem Austrocknen zu schützen. Erst wenn die Sonne untergeht, es kühler und feuchter wird, kommen sie zur Nahrungssuche hervor. Mit ihrer schwarz-gelben Färbung warnen sie Feinde schon von Weitem: Achtung, ich bin giftig!

▲ Erdkröte

Größe: bis zu 12 cm
Kennzeichen: kräftig gebaut mit bräunlicher warziger Haut; Männchen „reiten" auf Weibchen zu Laichplätzen

▲ Springfrosch

Größe: bis zu 7 cm
Kennzeichen: schlank, bräunlich, lange Hinterbeine; laicht schon ab Februar

▲ Gelbbauchunke

Größe: bis zu 5 cm
Kennzeichen: oben braun, Bauch gelb; frisst Würmer und Insekten; legt Eier in Pfützen

▲ Tigerschnegel

Größe: bis zu 20 cm
Kennzeichen: beige mit schwarzen Flecken; stammt aus Südeuropa, hat sich bei uns ausgebreitet

◀ Wald-Wegschnecke

Größe: bis zu 4 cm
Kennzeichen: grau mit dunklen Flecken; ernährt sich hauptsächlich von abgestorbenen Blättern

Lebensraum Berge

Die Tiere und Pflanzen, die hoch oben in den Bergen leben, müssen sich an extreme Lebensbedingungen anpassen: Im Sommer brennt die Sonne erbarmungslos auf die nackten Felsen, im Winter liegt oft monatelang Schnee. Das ganze Jahr über können täglich heftige Stürme toben oder wolkenbruchartige Niederschläge fallen.

Was sind Berge?

Ein Berg ist eine Erhebung, die sich von der umgebenden Landschaft deutlich nach oben absetzt. Die Höhe wird vom Meeresspiegel aus (= über Normalnull NN) gemessen. Was als Berg bezeichnet wird, kann sehr unterschiedlich sein. Im flachen Norddeutschland wird eine Erhebung ab 100 m NN schon als Berg bezeichnet. In Bayern wäre das gerade mal ein kleiner Hügel.

Welche Gebirge gibt es?

Ein Berg steht eher selten allein in der Landschaft. Meistens ist er einer von vielen Bergen, die zusammen ein Gebirge bilden. Je nachdem wie hoch das Gebirge ist, wird es als Mittelgebirge oder Hochgebirge bezeichnet. Der Harz, der Schwarzwald und der Thüringer Wald sind nicht höher als 1500 m und zählen zu den Mittelgebirgen. Die Alpen sind deutlich höher und gehören zu den Hochgebirgen.

Die Alpen sind das höchste Gebirge Mitteleuropas.

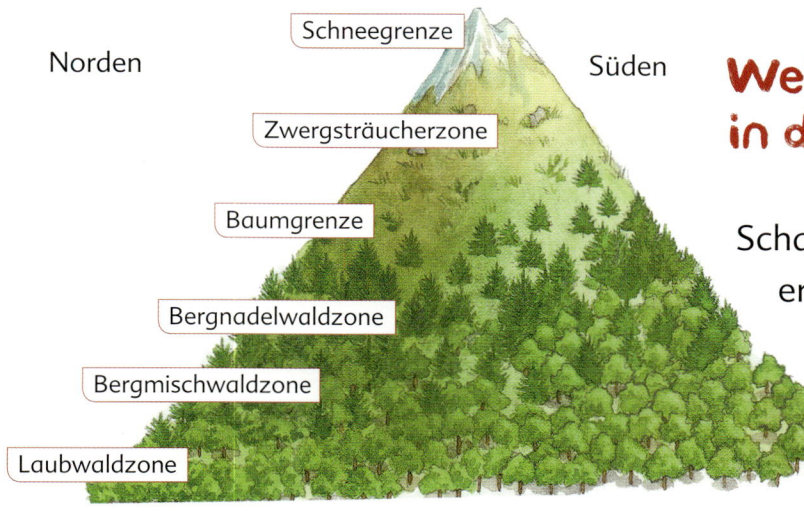

Norden
Schneegrenze
Süden
Zwergsträucherzone
Baumgrenze
Bergnadelwaldzone
Bergmischwaldzone
Laubwaldzone

Welche Höhenstufen gibt es in den Bergen?

Schaust du einen hohen Berg hinauf, kannst du erkennen, wie sich die Natur verändert. Ganz unten, zwischen 300 und 800 m, liegt die Laubwaldzone mit Buchen, Eichen und Ahornen. Weiter oben entdeckst du mehr Nadelbäume, etwa Tannen und Fichten. Das ist die Zone des Bergmischwaldes. Zwischen 1400 m und der Waldgrenze befindet sich der Bergnadelwald mit Fichten, Lärchen und Zirbelkiefern. Je näher du der Waldgrenze kommst, desto weiter stehen die Bäume auseinander. Sie werden immer kleiner und verkrüppelter, bis sie ab der Baumgrenze ganz fehlen. Denn ab 1800 bis 2000 m wird das Klima zu rau für Bäume. Geht es noch höher, kommt immer mehr der nackte Boden zum Vorschein. Hier können nur noch Flechten und Moose wachsen. Ab etwa 3000 bis 3500 m herrschen fast nur noch Schnee, Eis und der blanke Fels.

Schon gewusst?

Bei den einzelnen Stufen gibt es jeweils zwei Angaben zur Höhe. Das liegt daran, dass das Klima auf der Südseite der Berghänge milder als auf der Nordseite ist. Daher reichen die einzelnen Stufen auf der Südseite weiter hinauf.

Alpensteinböcke sind geschickte Kletterer. Sie suchen selbst an steilsten Hängen nach Futter.

Welche Tiere leben in den Bergen?

In jeder Vegetationsstufe kommen Tiere vor, die sich an die dort herrschenden Lebensbedingungen angepasst haben. In den Wäldern leben viele Tiere, die du auch in den Wäldern der Ebenen antriffst: Wildschwein, Rothirsch, Dachs und Eichhörnchen gehören ebenso dazu wie etwas weiter oben Tannenhäher, Bergeidechse und Alpensalamander. Auf den baumlosen Almwiesen kannst du mit viel Glück Schneehasen und Murmeltiere, Alpendohlen und Schneehühner sowie unzählige Schmetterlinge antreffen. In den felsigen Regionen leben Gämsen und Steinböcke, Steinadler und Schneefinken.

Tipps für Bergforscher

Bergforscherregeln

- Lass keinen Müll zurück und verhalte dich leise!
- Geh nie bei schlechtem Wetter oder Gewitter in die Berge, denn das ist sehr gefährlich!
- Brich eine Bergwanderung sofort ab, wenn sich das Wetter verschlechtert oder deine Kräfte nachlassen!
- Geh nie allein in die Berge und bleib immer in Sichtweite deiner erwachsenen Begleiter!
- Bleib auf den Wegen und meide besonders steile und gefährliche Gebiete sowie Gebiete, wo Steinschlag oder Lawinen drohen!
- Lass alle Pflanzen an ihrem Standort und beschädige sie nicht! Viele Pflanzen stehen unter Naturschutz.
- Wirf niemals Steine den Berg hinunter, denn du weißt nicht, wie weit sie rollen und ob sie jemanden treffen!

BERG-FORSCHER

Wanderstock

Jeder Bergforscher braucht ein bis zwei Wanderstöcke. Gut geeignet sind Haselnuss-stecken. Damit du und deine Begleiter eure Wanderstöcke nicht vertauscht, schnitzt jeder ein Muster in die Rinde. Früher ritzten die Bergsteiger bei jeder Wanderung eine neue Kerbe in ihren Wanderstock.

Forschertagebuch

Ein richtiger Bergforscher notiert in einem Forschertagebuch, was er beobachtet hat. Male von jedem Tier, jeder Pflanze oder jeder Tierspur eine bunte Zeichnung. Du kannst auch Fundstücke wie ausgefallene Federn, abgestorbene Pflanzenteile oder Fotos einkleben. Vergiss nicht, jedes Fundstück zu beschriften. Wichtig sind Name, Fundort und -datum sowie Auffälligkeiten.

Edelweiß

Murmeltier

Finde den Wolpertinger!

Halte auf deiner Wanderung Ausschau nach einem Wolpertinger! Das scheue Wolpertingertier zu entdecken oder zu fangen, ist aber sehr schwierig. Wenn du keinen Wolpertinger entdeckst, malst du ihn so, wie du ihn dir vorstellst. Kleiner Tipp: Es soll sich um eine Art Hase mit Geweih und Flügeln handeln. Als Fabelwesen mit unbewiesener Existenz steht er nicht unter Naturschutz.

Steinsammlung

Nirgendwo findet man so viele Steine wie in den Bergen. Da gibt es hellgraue Kalk- und Dolomitsteine, graue Schiefersteine und rote Tonsteine. Mit viel Glück findest du auch glänzende Materialien wie Feldspat oder Quarz. Nimm dir von jeder Wanderung einen besonders schönen Stein mit. Schreib auf einen kleinen Klebezettel, wann und wo du ihn gefunden hast. Vielleicht bekommst du heraus, um welches Gestein es sich handelt.

Geschickte Kletterkünstler

Die Säugetiere gehören zu den beeindruckendsten Tieren der Berge, wenn du sie meist auch nur mit etwas Glück entdecken kannst. Am häufigsten begegnen dir oberhalb der Baumgrenze die Gämsen. Wusstest du, dass Gämsen mit den Ziegen verwandt sind?

◄ Alpensteinbock

Größe: 1,40 – 1,70 m
Kennzeichen: Männchen im Sommer dunkelbraun, Weibchen rötlich, im Winter beide grau, Männchen mit bis zu 1 m langen, säbelartig nach hinten gebogenen Hörnern; frisst Gräser, Kräuter, junge Triebe, Knospen, Flechten; lebt nur an felsigen Hängen im Hochgebirge, der „König der Felsen"

ACH SO!

Rudel

Viele Wildtiere leben in einem Rudel zusammen. Mufflons, Steinböcke und Gämsen bilden zum Beispiel solche Gemeinschaften. In einem Rudel herrscht eine feste Rangordnung und Aufgabenteilung. Steinböcke leben fast das ganze Jahr über in einem Rudel, das ausschließlich entweder aus Männchen oder aus Weibchen besteht. Nur während der Paarungszeit im Winter treffen beide Geschlechter zusammen.

▲ Gämse

Größe: 1,10 — 1,30 m
Kennzeichen: im Sommer rötlich braun, im Winter braunschwarz, schwarz-weißes Gesicht, bei Männchen und Weibchen bis zu 25 cm lange, an der Spitze gebogene Hörner; frisst Gräser, Knospen, Kräuter und Beeren; lebt im Bergwald, aber auch auf Almen, an felsigen Hängen und in Mittelgebirgen

▲ Mufflon

Größe: 1,10 — 1,20 m
Kennzeichen: Männchen im Sommer rot-braun mit hellem Sattelfleck, Weibchen bräunlich, Männchen tragen lange, stark gewundene Hörner, die Weibchen haben nur kurze oder gar keine Hörner; frisst Gräser, Kräuter, Laub und junge Triebe

ACH SO!

Das Geheimnis der geteilten Hufe

Alpensteinböcke und Gämsen wagen sich bis ins Hochgebirge und verbringen dort fast das ganze Jahr. Sie sind wahre Kletterexperten und trauen sich auf die steilsten Felshänge. Dabei verlassen sie sich auf ihre beweglichen Fußgelenke und ihre zweigeteilten Hufe. Mit ihren weichen Klauensohlen und den harten Kanten sorgen sie für einen sicheren Tritt im Gebirge. Geht es zum Beispiel bergab, spreizen die Tiere ihre Hufe und verkeilen sich im Untergrund. Wird es richtig steil, setzen sie ihre Afterklauen ein. Das sind gummiartige Zapfen, die oberhalb der Hufe sitzen und wie Bremsbacken wirken.

Pelzige Bergbewohner

Die kleinen Säugetiere in den Bergen, zum Beispiel Murmeltier, Schneehase oder Alpenspitzmaus, tragen ein dichtes warmes Fell, das sie gegen Wind und Kälte schützt. Früher lebten in unseren Bergen viel mehr pelzige Säugetiere, etwa Luchse oder Braunbären. Heute sind sie selten geworden, weil sie gejagt oder aus ihrem Lebensraum verdrängt wurden.

▲ **Alpenmurmeltier**

Größe: 40 — 50 cm
Kennzeichen: dichtes, braungraues Fell, kleine Ohren, kurzer, buschiger Schwanz; frisst Gräser, Knospen, Kräuter und Wurzeln; lebt gesellig in Kolonien, hält von Oktober bis April Winterschlaf; fühlt es sich bedroht, pfeift es laut, woraufhin alle Tiere der Kolonie blitzschnell im Bau verschwinden

▲ **Schneemaus**

Größe: 9 — 14 cm
Kennzeichen: grau mit weißem, langem Schwanz; frisst Kräuter, Gräser und Samen; lebt in Bauen, die sich in Felsspalten oder knapp unter der Erde befinden

▲ **Alpenspitzmaus**

Größe: 6 — 9 cm
Kennzeichen: schwarz bis dunkelgrau, spitze Nase, helle Füße; frisst Regenwürmer, benötigt täglich etwa Dreiviertel ihres eigenen Körpergewichts als Nahrung; Insektenfresser, kein Nagetier

▲ **Schneehase**

Größe: 43 — 60 cm
Kennzeichen: Fell im Sommer bräunlich-grau, im Winter weiß, immer schwarze Ohrenspitzen und immer weißer Schwanz; frisst Kräuter, Knospen, Gräser und Beeren, im Winter Zweige, Rinden und Flechten; gräbt Tunnel durch den Schnee, lebt auf Grashängen und Almen

Die richtige Tarnkleidung für jede Jahreszeit

Um ihren Feinden zu entgehen oder auch um auf der Jagd länger unentdeckt zu bleiben, wenden Tiere die raffiniertesten Tricks an. Viele Tiere setzen auf eine gute Tarnung, zum Beispiel der Schneehase oder das Hermelin. Im Sommer ist ihr Fell braun, im Winter weiß. Das ist gut so, denn in den Bergen schneit es im Winter sicher und so sind die Tiere bestens getarnt.

▲ Hermelin

Größe: 17 — 33 cm
Kennzeichen: im Sommer braune Oberseite und weiße Unterseite, im Winter durchgängig weiß, Schwanz immer mit schwarzer Spitze; frisst Mäuse und Ratten; bewohnt oft mehrere Nester in einem Revier; kann sich aufrichten und „Männchen" machen

▼ Braunbär

Größe: 170 — 250 cm (größtes Landraubtier Europas)
Kennzeichen: braunes Fell, runde Ohren, kräftige Pranken; frisst hauptsächlich Wurzeln, Früchte, auch Insekten, Würmer, Schnecken und Aas, erlegt nur bei Gelegenheit Beutetiere; hält von Oktober bis März Winterruhe in einer Höhle

▶ Luchs

Größe: 80 — 120 cm (größte Katze Europas)
Kennzeichen: im Sommer rot- bis gelbbraun, im Winter graubraun, Unterseite weiß, pinselförmige Haare an den Ohrspitzen, ausgeprägter Backenbart; frisst kleine und mittelgroße Säugetiere sowie Vögel; ehemals fast ausgerottet, hat der Luchs wieder große Gebiete der Alpen besiedelt

Große Vögel der Berge

Fast ohne Flügelschlag gleitet der Steinadler auf der Suche nach Murmeltieren und Schneehasen die Hänge entlang. Gänsegeier und Bartgeier fressen tote Tiere, die abgestürzt sind oder von Lawinen mitgerissen wurden. Auf dem Boden fühlen sich Schnee-, Auer- und Birkhuhn wohl. Die großen Hühnervögel besitzen ein dichtes Gefieder. Sogar ihre Füße sind mit Federn bedeckt.

Die Gesundheitspolizei

ACH SO!

Geier sind Aasfresser. Sie ernähren sich von toten Tieren und sorgen so dafür, dass diese keine Krankheiten verbreiten. Um einen Kadaver möglichst vollständig nutzen zu können, dringen die Geier mit ihrem langen Hals tief in den Körper der toten Tiere ein. Wären an Kopf und Hals lange Federn, würden diese dabei sehr schmutzig werden. An der nackten oder mit Flaum bedeckten Haut bleibt hingegen kaum etwas hängen. Eine Ausnahme bildet übrigens der Bartgeier. Er ernährt sich fast ausschließlich von den Knochen toter Tiere. Hals und Kopf sind bei ihm mit Federn besetzt.

▼ Bartgeier

Größe: 94 –125 cm
Flügelspannweite: 230 – 283 cm (größter Greifvogel Europas)
Kennzeichen: grauschwarze Oberseite, Kopf, Hals und Unterseite weiß oder rötlich, schwarze „Bartfedern"; frisst fast nur die Knochen toter Tiere sowie Aas, große Knochen lässt er aus großer Höhe auf den Felsen fallen, damit diese zerbersten; sehr selten, war bereits ausgerottet, dank eines Wiederansiedelungsprojekts seit 1986 wieder in den Alpen vertreten

▲ Gänsegeier

Größe: 93 – 110 cm, Flügelspannweite: 230 – 270 cm
Kennzeichen: braun mit hellbeigen Stricheln, Kopf und Hals cremefarben, weiße Halskrause; frisst Aas, nach dem er in der Luft kreisend Ausschau hält; ist sehr gesellig und brütet meist in großen Kolonien in den Felsen; ruft „tetetet" oder „kak-kak"

▲ Kolkrabe

Größe: 54 — 67 cm
Flügelspannweite: 115 — 130 cm
(größter Singvogel Europas)
Kennzeichen: schwarz, metallisch grün oder blau-
violett schimmerndes Gefieder, großer, kräftiger
Schnabel; Allesfresser, der auch räuberisch lebt;
segelt gern und zeigt dabei akrobatische „Kunst-
stücke" in der Luft; Singvogel, ruft tief „korrp"
oder „krack-krack-krack"

▲ Steinadler

Größe: 80 — 93 cm, Flügelspannweite: bis zu 220 cm
Kennzeichen: großer Adler mit typischem Adlerkopf und goldgel-
ben Federn im Nacken, im Flug lange, schmale Flügel; jagt Murmeltiere, Schneehasen, junge Gämsen, Schneehühner, frisst auch
tote Tiere; ein Steinadler-Paar hat meist mehrere Horste (Nester);
segelt sehr hoch in der Luft

▲ Alpenschneehuhn

Größe: 31 — 35 cm
Kennzeichen: im Winter weiß mit schwarzem
Schwanz, im Sommer grau-bräunlich marmoriert mit weißen Federn an den Füßen; frisst
Triebe, Blätter und Knospen; lebt im Hochgebirge
bis an die Schneegrenze, zieht im Winter in tiefer
gelegene Bergwälder

▲ Auerhuhn

Größe: 60 — 85 cm
Kennzeichen: Männchen dunkel mit rotem Augenfleck, spannt
seinen Schwanz bei der Balz wie einen Fächer auf, Weibchen unauffällig braun; frisst Insekten, Würmer, Knospen, Früchte und Beeren;
sucht bei Gefahr meist zu Fuß Deckung; sehr scheu und selten

▶ Birkhuhn

Größe: 45 — 60 cm
Kennzeichen: Männchen blauschwarz mit rotem Fleck über den Augen, Weibchen unauffällig braun oder schwarz gefleckt; frisst Insekten,
junge Triebe, Knospen, Blüten, Gräser, Früchte
und Beeren; führt an bestimmten Plätzen aus-
ladende Balztänze auf; sehr selten

Kleine Vögel der Berge

Nicht nur große Vögel sind im Gebirge zu Hause. Auf vielen Berggipfeln wartet schon die Alpendohle auf Bergsteiger, um von ihnen ein paar Brotkrumen zu erhaschen. Einer der schönsten Vögel ist der seltene Mauerläufer mit seinen roten Flügeln. Ein naher Verwandter des Sperlings ist der Schneefink. Nahe der Waldgrenze gibt es noch die Ringdrossel. Kleine Singvögel wie die Gebirgsstelze erkennst du an ihrem aufgeregten Gesang.

▲ Alpensegler

Größe: 20 — 23 cm,
Kennzeichen: länglicher Körper mit spitzen Flügeln, braunschwarzes Gefieder mit auffälligem weißen Bauch; ernährt sich von in der Luft gefangenen Insekten und Spinnen; Zugvogel

▲ Alpendohle

Größe: 36 — 38 cm,
Kennzeichen: schwarzer Rabenvogel mit gelbem Schnabel und roten Beinen; sucht nach Insekten und deren Larven, Spinnen, Würmern, jungen Vögeln, Samen und Früchten, frisst auch Speisereste; tritt oft in Schwärmen auf; ruft klirrend, hell trillernd „priiep"

▲ Schneefink

Größe: 16,5 — 19 cm
Kennzeichen: grau-braunes Gefieder mit weißem Streifen am Flügel, typischer Finkenschnabel; frisst im Sommer Spinnen, Insekten und deren Larven, im Winter Samen; ruft laut quäkend „tschilp"; sehr gesellig

▲ Mauerläufer

Größe: 15,5 — 17 cm
Kennzeichen: langer gebogener Schnabel und rötliche Flügel; frisst Insekten und Spinnen; gibt dünne Pfeiftöne von sich

▲ Alpenbraunelle

Größe: 15 — 18 cm
Kennzeichen: grau, an der Bauchseite rotbraun gefleckt; frisst Insekten, Spinnen, Weichtiere und Samen; versteckt sich bei Gefahr in Felsspalten oder zwischen Latschenkiefern; hält sich oft am Boden auf; ruft „trrli" und „trrui"

▲ Fichtenkreuzschnabel

Größe: 15 — 17 cm
Kennzeichen: Männchen ziegelrot, Weibchen olivgrün, überkreuzte Schnabelspitzen; ernährt sich von den Samen der Fichten und anderer Nadelbäume; Standvogel; ruft laut „gjip-gjip"

▲ Tannenhäher

Größe: 32 — 35 cm
Kennzeichen: dunkelbraunes Gefieder mit weißen Punkten, kräftiger Schnabel; frisst hauptsächlich Baumsamen wie Nüsse und Eicheln, aber auch Früchte und Beeren, im Sommer auch Insekten und deren Larven; lebt in den Bergnadelwäldern, im Winter auch in den Bergdörfern anzutreffen; ruft „kra-kra"

▲ Gebirgsstelze

Größe: 17 —20 cm
Kennzeichen: grauer Rücken, gelber Bauch, langer Schwanz und dünner Schnabel; frisst Insekten und deren Larven, Spinnen, kleine Krebse und Würmer; lebt an schnell fließenden Gebirgsbächen; ruft hart „ziss-ziss"

ACH SO!

Startklar für den Winter?

Zugvögel wie die Ringdrossel versuchen sich im Herbst ein möglichst dickes Fettpolster anzufressen, damit sie den langen Flug in den Süden gut überstehen. Besonders Weichtiere und Beeren sind sehr begehrt. Die Tiere fressen so viel, dass sie beim Abflug fast das Doppelte ihres normalen Körpergewichts wiegen. Standvögel wie der Tannenhäher sammeln im Herbst dagegen fleißig Samen und Nüsse. Bis zu 100 000 reife Samen versteckt der Tannenhäher als Wintervorrat im Boden. Entdeckst du einen dieser Vögel, der vorn an der Kehle ausgebeult erscheint, transportiert er vermutlich gerade bis zu 60 Zirbelkiefernsamen oder 20 Haselnüsse in seinem ausgedehnten Kehlsack.

▶ Ringdrossel

Größe: 24 — 26 cm
Kennzeichen: Männchen schwarz mit schwarz-weißer Unterseite und weißem Bruststreifen, Weibchen braun mit hellgrauem Bruststreifen; frisst Regenwürmer, Insekten und deren Larven sowie Beeren; lebt vor allem am Boden; ruft „tack-tack" oder „trüh-trüh"

Dunkle Gesellen

Im Sommer kannst du in den Bergen Amphibien und Reptilien begegnen. Vor allem auf der wärmeren Südseite der Alpen finden sich Schlangen, Eidechsen und Frösche. Einige Arten haben sich auch dem kühleren Wetter oben in den Bergen angepasst, zum Beispiel der Alpensalamander, der Kammmolch und eine Form der Kreuzotter. Alle drei Arten sind sehr dunkel gefärbt. So können sie mehr Sonnenstrahlen in Wärme umwandeln.

Lebende Junge

ACH SO!

Die meisten Amphibien und Reptilien legen Eier. Damit sich daraus Jungtiere entwickeln können, muss es warm sein. Die Temperaturen oben in den Bergen reichen dafür jedoch meist nicht aus. Darum bringen zum Beispiel Kreuzottern, Bergeidechsen oder Alpensalamander lebende Junge zur Welt. Der Alpensalamander trägt seinen Nachwuchs zwei bis drei Jahre lang in seinem Bauch, bevor er die fertigen Jungen zur Welt bringt.

▼ Alpensalamander

Größe: 12 — 15 cm
Kennzeichen: schwarzer, glänzender Körper, großer Kopf, langer Schwanz; jagt Käfer, Spinnen, Nacktschnecken und Würmer; lebt an feuchten, schattigen Plätzen in den Bergen, ruht von Oktober bis April in Höhlen und unter Baumstämmen; scheidet bei Gefahr ein giftiges Drüsensekret ab

▲ Bergeidechse

Größe: 12 — 18 cm
Kennzeichen: brauner, grauer oder rötlicher Rücken mit dunklem Längsstreifen oder einer Reihe von Punkten; jagt Insekten, Spinnen und Würmer; lebt in den Bergwäldern, verbringt den Winter in Winterstarre in einem Versteck; sehr scheu

► Bergmolch

Größe: 8 — 12 cm
Kennzeichen: Bauch orange, Männchen in der Paarungszeit grau-blau, Weibchen bräunlich; frisst Mücken und deren Larven, Käfer, Libellen, Fliegen, kleine Krebse, Regenwürmer und Nacktschnecken; lebt in flachen Teichen, Tümpeln und Bergseen; verbringt den Winter im Erdboden, oft noch nahe der Schneegrenze anzutreffen

Molche

Im Frühjahr wandern Molche aus ihren Winterquartieren zur Fortpflanzung in nahegelegene Gewässer. Damit sie sich im Wasser besser fortbewegen können, entwickeln die Tiere während dieser Zeit einen Flossensaum an Schwanz und Rücken. Während der Paarungszeit sind die Männchen der Bergmolche besonders bunt gefärbt. Dann kannst du beobachten, wie das Männchen im Wasser um das Weibchen tanzt. Nach der Paarungszeit wird die auffällige Wassertracht wieder gegen eine unscheinbare Landtracht eingetauscht.

▲ Kammmolch

Größe: 10 — 19 cm
Kennzeichen: großer Wassermolch mit breitem Kopf, dunkel gefärbt, im Wasser mit gezacktem Rückenkamm; verbringt den meisten Teil seines Lebens im Wasser, an Land versteckt er sich unter feuchten Steinen oder in einem Erdloch; frisst Würmer, Insekten und Spinnen

◄ Springfrosch

Größe: 6 — 8 cm
Kennzeichen: schlank, bräunlich mit dunklen Querstreifen auf Ober- und Unterschenkeln, lange, spitze Schnauze, sehr lange Hinterbeine; laicht bereits ab Mitte Februar; frisst Insekten, Spinnen und Würmer; springt problemlos 2 m weit; ruft leise „wog-wog-wog"

▲ Äskulapnatter

Größe: 140 — 200 cm
Kennzeichen: viele weiß umrandete Schuppen, braune Oberseite, helle Unterseite; frisst Mäuse, Eidechsen und Vögel; lebt auch auf Bäumen; wenig angriffslustig

GIFTIG!

▲ Kreuzotter

Größe: 60 — 85 cm
Kennzeichen: normalerweise grau, braun oder rötlich gefärbt mit dunklem Zickzackband, in den Alpen aber häufig reinschwarze Tiere; frisst Mäuse, Frösche und Eidechsen; giftige Schlange

Sechsbeinige Bergbewohner

Im Sommer tummeln sich am Boden und in der Luft jede Menge Insekten in den Bergen. Die artenreichste Gruppe sind die Käfer. Viele von ihnen leben in den Bergwäldern. Die auffälligste Gruppe der Insekten sind die Schmetterlinge. Sie werden von den bunten Farben der Gebirgsblumen angelockt. Auch Heuschrecken und Hummeln tummeln sich auf den Bergwiesen.

ACH SO!

Die Kinderstube der Käfer

In den unzugänglichen Bergwäldern gibt es reichlich morsches und totes Holz, in das Käfer ihre Eier legen können. So machen es auch die Bockkäfer. Ihre Larven leben zwei bis drei Jahre im Holz, bevor sie sich verpuppen und zu erwachsenen Käfern entwickeln. Bockkäfer kannst du leicht an ihren sehr langen, nach hinten gebogenen Fühlern erkennen. Der schönste unter ihnen ist der blau-schwarze Alpenbock. Leider ist er sehr selten anzutreffen.

▲ Alpenbock

Größe: bis zu 15 — 38 mm
Kennzeichen: hellblau mit schwarzen Flecken und langen, blau-schwarz gestreiften Fühlern; frisst Blütenpollen; lebt in Bergwäldern, besucht an sonnigen Tagen Blüten

▲ Rothalsbock

Größe: 10 — 20 mm
Kennzeichen: Männchen schwarz-gelbbraun, Weibchen schwarz-rotbraun; oft auf blühenden Sträuchern und Schirmblüten wie Engelwurz zu finden

▲ Ameisenbuntkäfer

Größe: 7 — 10 mm
Kennzeichen: Halsschild und Unterseite rot, Kopf und Beine schwarz, Deckflügel schwarz-weiß-rot gebändert; Nützling, der Baumschädlinge wie den Borkenkäfer frisst; lebt in Nadelwäldern

▲ Pinselkäfer

Größe: 9 — 12 mm
Kennzeichen: bräunliche Brust, dicht behaarter Körper, gelbe Flügeldecken mit 3 schwarzen Querbinden; frisst Blütenpollen; lebt auf Bergwiesen und an Waldrändern

▲ Alpenapollo

Flügelspannweite: 50 — 60 mm
Kennzeichen: gelbliche Flügel mit schwarzen und roten Flecken; saugt Nektar an Disteln, Raupen fressen nur die Blätter von Steinbrecharten; lebt in der Nähe von Bergbächen

▲ Alpen-Gelbling

Flügelspannweite: 35 — 45 mm
Kennzeichen: gelb mit starker dunkler Beschuppung, rosabraune Randbinde um die Flügel; auf Almwiesen und Matten der Alpen anzutreffen

▲ Kaisermantel

Flügelspannweite: 55 — 65 mm
Kennzeichen: ockergelb oder leuchtend orange mit braunen Flecken; saugt Nektar von Brombeerblüten, Skabiosen und Distelköpfen; Partner balzen im Flug

▲ Eismohrenfalter

Flügelspannweite: 32 — 40 mm
Kennzeichen: dunkelbraun mit zwei kleinen weißen Augenflecken auf den Vorderflügeln; Raupen an Süßgräsern zu finden; Falter lebt an felsigen Hängen bis zur Schneegrenze; äußerst elegante Flieger

▲ Alpenhummel

Größe: 14 — 26 mm
Kennzeichen: schwarz, grauer Kragen, orangerotes Hinterteil, struppig behaart; sammelt Nektar und Pollen; lebt in Kolonien mit bis zu 150 Tieren in unterirdischen Nestern; Königin brummt laut und tief im Flug

▲ Dunkler Alpenbläuling

Flügelspannweite: 21 — 25 mm
Kennzeichen: Männchen silberblau, zum Rand hin braun, Weibchen braun mit blauer Bestäubung; Raupen an Heidekräutern und Steinbrechgewächsen; bevorzugt Grasflächen mit felsigem Untergrund

▲ Sibirische Keulenschrecke

Größe: 18 — 25 mm
Kennzeichen: bräunlich-grün bis braun, Vorderbeine blasenförmig verdickt; auf Bergwiesen zu finden; legt ihre Eier im Boden ab; singt laut und schnell „trä-trä-trä"

▲ Gewöhnliche Gebirgsschrecke

Größe: 18 — 30 mm
Kennzeichen: grau, braun oder gelblich, stark gemustert, Hinterschenkel rot; lebt auf trockenen, steinigen Bergweisen und Alpenmatten; knistert leise mit ihren Mundwerkzeugen

▲ Alpen-Strauchschrecke

Größe: 19 — 25 mm
Kennzeichen: braunschwarz, breiter gelblichweißer Rand am Halsschild, weißer Bauch; ihr lauter Gesang mit schnellen „zri"-Lauten ist 50 m weit zu hören

Lebensraum Bäche und Flüsse

Die fließenden Bäche und Flüsse stecken voller Leben. Viele verschiedene Pflanzen und Tiere haben sich den unterschiedlichen Lebensbedingungen von der Quelle bis zur Flussmündung angepasst. Einige mögen es zum Beispiel nicht zu warm oder nicht zu kalt, nicht zu schlammig oder trüb. Andere bevorzugen genau diese Bedingungen.

Was sind Bäche und Flüsse?

Bäche und Flüsse sind natürliche fließende Gewässer. Die kleineren Fließgewässer bezeichnet man als Bäche, die größeren als Flüsse. Bäche und Flüsse stehen niemals still, sondern fließen mit einer bestimmten Geschwindigkeit. Diese Fließgeschwindigkeit ist von Bach zu Bach und von Fluss zu Fluss verschieden. Die Fließgeschwindigkeit, also die Strömung, stellt an die dort lebenden Tiere besondere Anforderungen.

Wie entstehen Bäche und Flüsse?

Der Weg des Wassers ist ein Kreislauf. Wasser verdunstet und kommt als Regen oder Schnee auf die Erde zurück. Es versickert im Boden und tritt an Quellen wieder an die Oberfläche. Als schmales Rinnsal sucht es sich einen Weg abwärts. Regen und Schmelzwasser kommen hinzu und sammeln sich zu einem kleinen, plätschernden Bach. Je mehr Wasser im Bach zusammenfließt, umso breiter und tiefer wird der Wasserlauf. Schließlich ist aus dem Bach ein kleiner Fluss geworden. Bäche und kleinere Nebenflüsse leiten nach und nach ihr Wasser in den Fluss ein. So schwillt der Fluss immer weiter an, wird zu einem reißenden Strom und mündet schließlich ins Meer.

Schon gewusst?

Das Wasser eines Wildbaches ist klar und sauber. Es riecht nicht, schmeckt nach nichts, und es enthält viel Sauerstoff, weil es ständig durcheinander gewirbelt wird. In sauberen Gewässern findest du viele Fliegenlarven.

Bäche und Flüsse haben viele Fließgeschwindigkeiten.

In kühlen Bächen lebt die Bachforelle. Der schnelle Raubfisch lauert in Vertiefungen hinter großen Steinen auf vorbeitreibende Beute.

Welche Tiere leben in Bächen und Flüssen?

Auf den ersten Blick wirst du in einem Bach und Fluss kaum Tiere sehen. Wenn welche dort sind, haben sie sich gut versteckt oder sind durch ihre Farbe gut getarnt. Es lohnt sich, an einer seichten Stelle Steine umzudrehen, vorsichtig auf Ansammlungen von Treibgut zu klopfen oder unter Wurzeln und Überhänge zu schauen. Dort halten sich viele kleine Tiere auf. Winzige Bachflohkrebse etwa versuchen sich schnell in Sicherheit zu bringen. Auch Fliegenlarven klammern sich an Steinen fest.

Die Fische in Bächen und Flüssen verstecken sich schon bei leisesten Geräuschen und Erschütterungen. Zudem sind sie sehr gut getarnt und nur schwer zu entdecken. Zur Fortpflanzung suchen Salamander, Kröten und Frösche die Fließgewässer auf. In der Nähe vieler Bäche und Flüsse sind Vögel unterwegs, um nach Nahrung zu suchen und Brutpflege zu betreiben. Vor Vögeln in Acht nehmen müssen sich die zahlreichen Insekten.

Bewegungslos lauert der Graureiher auf Beute. Hat er einen Fisch entdeckt, stößt er blitzschnell mit seinem langen Schnabel zu.

Tipps für Bach- und Flussforscher

Bach- und Flussforscherregeln

- Tiefes Wasser, Strömungen und Strudel können dich leicht in Gefahr bringen. Geh nie allein an einen Bach oder Fluss!
- Bleib immer in Sichtweite deiner erwachsenen Begleiter!
- Hinterlass keinen Müll in der Natur!
- Ist das Wasser tiefer als dein Knie, solltest du schwimmen können. Sonst musst du am Wasser eine Schwimmweste tragen!
- Wegen der gefährlichen Strudel solltest du auf keinen Fall in der Nähe von Rohrleitungen, Stauwehren oder Schleusen spielen!
- Lass die Tiere in ihrem Lebensraum und störe sie nicht unnötig! Wenn du ein Wassertier in einem Wassereimer beobachtest: Lass es bald wieder frei! Und: Vogeleier bleiben unberührt in ihrem Nest!
- Bring dich rechtzeitig in Sicherheit, wenn ein Unwetter aufzieht!
- Pflücke nicht zu viele Blumen einer Sorte! Die Wildpflanzen können sich sonst nicht vermehren.

BACH- & FLUSS-FORSCHER

Lauerstellung

Versuche einmal, genauso reglos wie ein Reiher im Bach zu stehen und ins klare Wasser zu schauen! Wie lange dauert es, bis sich ein Fisch blicken lässt? Achte darauf, dass dein Schatten nicht ins Wasser fällt! Fische bemerken auch die kleinsten Bewegungen und Lichtveränderungen.

Bootsfahrt

Baue dir ein kleines Boot und lass es im Bach schwimmen. So kannst du genau verfolgen, wo die stärkste Strömung herrscht und wo die „Ruhezonen" des Baches sind. Denn hier leben besonders viele Tiere. Neben kleineren Lebewesen wie Bachflohkrebsen, Eintags- und Steinfliegenlarven, Strudelwürmern sowie verschiedenen Schnecken und Muschelarten findest du hier auch größere „Räuber" wie Fische oder Vögel.

Lupenforschung

Wenn du an einer seichten Stelle im Bach einen Stein umdrehst, findest du auf der Unterseite bestimmt auch Flohkrebse. Sieh dir die Flohkrebse durch deine Lupe genau an! Streife sie dazu vorsichtig mit dem Pinsel vom Stein in ein mit Flusswasser gefülltes Glas. Lass sie bald wieder frei! Noch winziger als Flohkrebse sind übrigens die Wasserasseln. Meist klettern sie am Boden oder auf Pflanzen herum.

Spuren am Fluss

Auf den ersten Blick scheinen Bäche und Flüsse wenig bewohnt. Doch wenn du genau hinschaust, findest du die Spuren vieler Tiere am Ufer oder in Ufernähe. Besonders auffällig ist die Nagespur des Bibers. „Seine" Bäume sehen aus wie Sanduhren. Kannst du einen angenagten Baum entdecken?

Baumfäller, Burgherren und andere pelzige Bach- und Flussbewohner

Die Säugetiere, die an den Ufern von Bächen und Flüssen leben, lassen sich meist erst blicken, wenn es dunkel wird. Aber Höhlen in der Uferböschung, Pfade, Fraßspuren und Bauten verraten dir, dass Fischotter, Biber und andere pelzige Säugetiere hier ihr Lager errichtet haben.

Geschickte Schwimmer und Taucher

ACH SO!

An ruhig fließenden Gewässern leben viele Säugetiere, die gut schwimmen und tauchen können. Der Fischotter etwa hat einen dicken Ruderschwanz und an allen vier Füßen Schwimmhäute. Damit kann er geschickt schwimmen und den Fischen hinterherjagen. Ein guter Schwimmer ist auch der Biber. Mit seinem breiten, platten Schwanz und den Schwimmhäuten an den Hinterfüßen kann er bis zu 15 Minuten lang tauchen. Bei ihren Tauchgängen können sowohl der Fischotter als auch der Biber unter Wasser Nase und Ohren wasserdicht verschließen.

◀ Europäischer Biber

Größe: 110 — 140 cm (mit Schwanz)
Kennzeichen: gedrungener Körper mit dunkelbraunem Fell und breitem flachen Schwanz, Vorderbeine mit Greifhänden, Hinterbeine mit Schwimmhäuten, orangefarbene Nagezähne; frisst Wasser- und Uferpflanzen, Baumrinde, Gräser und Kräuter; errichtet an langsam fließenden Flüssen Burgen und Dämme, deren Eingang unter Wasser liegt; fällt mühelos bis zu 80 cm dicke Baumstämme

◀ Wasserfledermaus

Größe: 4 — 6 cm lang; Flügelspannweite: 24 — 28 cm
Kennzeichen: rotbraunes Fell, heller Bauch, wenig behaartes Gesicht, große Füße, Flughäute; jagt Flug- und Wasserinsekten, die sie mit ihren langen Krallen von der Wasseroberfläche „kratzt"; nachtaktiv, versteckt sich tagsüber in Baumhöhlen; orientiert sich mithilfe von Ultraschalltönen

▲ Wasserspitzmaus

Größe: 6 — 10 cm
Kennzeichen: oben dunkelgrau, unten weiß, spitze Nase; riecht unangenehm; frisst Insekten, Krebse, Schnecken sowie kleine Frösche und Fische, die tauchend erbeutet werden; kann hervorragend schwimmen und tauchen; lebt in Bauen, die immer einen Ausgang zum Wasser haben

▲ Schermaus

Größe: 13 — 24 cm lang, Schwanz: 10 — 15 cm
Kennzeichen: große Wühlmaus mit langem, dichtem Fell, Oberseite braun, Unterseite hell, langer, dicker Schwanz; frisst Wasserpflanzen; bewegt sich beim Tauchen so wie an Land; baut in dicht bewachsenen Uferböschungen Baue mit langen Gängen; wird auch „Wasserratte" genannt

▲ Europäischer Fischotter

Größe: 80 — 120 cm (mit Schwanz)
Kennzeichen: flacher, breiter Kopf, muskulöser Schwanz, kurze Beine mit Schwimmhäuten zwischen den Zehen; braunes, dichtes Fell, weißer Kehlfleck; frisst Fische, Frösche, Krebse, Mäuse, Bisame, Muscheln und Schnecken; gibt pfeifende, trillernde, knurrende oder quiekende Geräusche von sich; bewohnt weitläufige natürliche Uferlandschaften; verspielt und neugierig

▲ Nutria

Größe: 40 — 65 cm, Schwanz: 35 — 45 cm
Kennzeichen: großes Nagetier mit weichem, wasserdichtem Fell, Oberseite rotbraun, Unterseite grau, runder, schuppenbedeckter Schwanz; frisst vor allem Gras und Wasserpflanzen, manchmal auch Muscheln und Schnecken; vor 300 Jahren wegen ihres Fells nach Europa eingeführt; wird auch „Biberratte" genannt

Kleine und große Vögel an Bach- und Flussläufen

Die kleinen Vögel an Bächen und Flüssen bauen ihre Nester an ganz unterschiedlichen Stellen. Manche nutzen Nischen unter Brücken, andere scharren Mulden in die Sand- und Kiesbänke mitten im Fluss, wieder andere graben an Steilufern Höhlen und Röhren. Auch große Vögel sind an Bächen und Flüssen zu finden. Auf der Suche nach Fischen, Fröschen und Schnecken kommen häufig Milane oder Graureiher hierher.

◀ Uferschwalbe

Größe: etwa 12 cm
Flügelspannweite: 28 cm
Kennzeichen: braunes bis graues Gefieder, Kehle und Bauch weiß mit braunem Brustband, schwach gegabelter Schwanz; fängt Insekten im Flug in Gewässernähe; bewohnt Steiluferwände, Steinbrüche und Kiesgruben, brütet in Kolonien; ruft heiseres ein- bis zweisilbiges „tschrd", „tschrrip" oder alarmierendes „zier"

▶ Wasseramsel

Größe: 17 — 33 cm
Flügelspannweite: 30 cm
Kennzeichen: braun mit weißem Kehlfleck; einziger Singvogel, der schwimmt und taucht; jagt unter Wasser Insekten und deren Larven, Würmer, Schnecken und Krebstiere; nistet in kugelförmigen Nestern an Uferböschungen; wippt ständig mit dem Schwanz; ruft zwitschernd, trillernd „zit" oder „zrrb"

Von Stoßtauchern und Wasserlugern

ACH SO!

Einige an Bächen und Flüssen lebende Vögel haben ausgefeilte Jagdtechniken entwickelt. Der Eisvogel sucht das Wasser auf einem Ast sitzend nach Beute ab. Hat er ein Opfer erfasst, stürzt er sich kopfüber ins Wasser. Seinen Tauchgang unterstützt der Vogel mit kurzen Flügelschlägen. Etwas gemächlicher sucht die Wasseramsel beim Wasserlugen den Grund nach Insektenlarven ab. Dabei taucht sie den Kopf ins Wasser und hält nahe der Wasseroberfläche Ausschau nach Nahrung.

▲ Eisvogel

Größe 14 — 16 cm, Flügelspannweite: bis 25 cm
Kennzeichen: leuchtend blaue Oberseite, Bauch
rostbraun-orange, kräftiger Schnabel, kurzer
Schwanz; frisst Fische, Kaulquappen, Molche,
Krebs- und Weichtiere; nistet in selbstgegrabe-
nen Bruthöhlen; lebt an ruhigen kleinfischreichen
Gewässern; ruft schrill und laut „tjieht-tjieht"
oder „khrit-rit-rit"

▲ Flussuferläufer

Größe: 18 — 20,5 cm, Flügelspannweite: 38 — 41 cm
Kennzeichen: kleiner Watvogel mit graubraunem, schwarzge-
flecktem Gefieder, grauer Brust und weißem Bauch; Kopf und
Hinterleib ständig wippend; frisst kleine Insekten, Krebstiere,
Würmer und Schnecken; bevorzugt steinige, naturnahe See-
und Flussufer; legt seine Eier in Erdmulden ab; ruft im Flug
„hididih"oder trillert in der Balz „tui-tui tschip tidledi"

▲ Bachstelze

Größe: 16,5 — 19 cm, Flügelspannweite: 25 — 30 cm
Kennzeichen: graues Rückengefieder, weiße Unterseite,
Kehlfleck und Haube schwarz mit weißem Gesicht, langer Schwanz; frisst Insekten und deren Larven, Spinnen,
Würmer und Gliederfüßer; typisch sind ihr wellenförmi-
ger Flug, der schnell trippelnde Gang sowie die aufgeregten Wippbewegungen von Kopf und Schwanz; ruft spitz
„zitit" oder leiser „zissis" oder „tschüp"

▲ Flussregenpfeifer

Größe: 14 — 16 cm, Flügelspannweite: 42 — 48 cm
Kennzeichen: braunes Obergefieder, weißer Bauch, schwarzes Brust- und Stirnband, gelber Augenring, dunkler kurzer
Schnabel; frisst Insekten, Spinnen, Krebstiere, Muscheln und
Würmer; lebt auf Sand- und Kiesbänken natürlicher, langsam
fließender Flüsse; brütet in einer Erdmulde; ruft viel und laut
„ti-u" oder „pri", während Balz auch „krrey krrey"

▲ Schwarzmilan

Größe: 50 — 58 cm, Flügelspannweite: 140 — 160 cm
Kennzeichen: schwarzbraunes Gefieder, gelbe Beine und Schnabel
mit schwarzer Spitze; sucht Gewässer nach Nahrung wie Fisch,
Aas, Kleinsäuger, Vögel, Amphibien, Reptilien oder Großinsekten
ab; lebt an baumreichen Flüssen, Seen und Fischteichen; ruft kla-
gend „piiie-piiie-ii-ii" oder trillert

▲ Graureiher

Größe: 90 — 98 cm, Flügelspannweite: 175 — 195 cm
Kennzeichen: hellgraues Gefieder, gelb-orangefarbener
Schnabel, langer Hals mit zwei schwarzen Schmuckfedern;
ernährt sich von Fischen, Fröschen, Molchen und Wühlmäu-
sen; nistet in Kolonien in Baumkronen; bewohnt fischreiche
Gewässer mit flachen Ufern

Flinke, wandernde und brütende Fische

In rasch fließenden Bächen und Flüssen leben Fische, die schnell schwimmen können. Zum Ausruhen suchen sich die Tiere ruhige Stellen am Ufer und hinter Steinen. Andere Fische wandern große Strecken zwischen ihrem Wohngewässer und dem Gewässer, in dem sie ihre Eier ablegen. Beim Ablegen der Eier hat jede Fischart ihre eigenes „Rezept", um die Brut vor dem Abtreiben in der Strömung zu bewahren.

▲ Bachforelle

Größe: 20 — 80 cm
Kennzeichen: silbrig-grün mit oben schwarzen, unten roten Punkten; frisst kleine Insekten und deren Larven, Fische und Krebstiere; bewohnt kühle, saubere Bäche, Flüsse und Seen, bevorzugt unterspülte Uferbereiche und ins Wasser hängende Bäume sowie kiesigen und steinigen Untergrund; überspringt Hindernisse

▲ Bachschmerle

Größe: 8 — 12 cm
Kennzeichen: nahezu schuppenloser, graubrauner, röhrenförmiger Bodenfisch mit dunkelbrauner Marmorierung und Flecken; Maul mit drei Paar Bartfäden (Barteln); frisst Kleinkrebse, Insektenlarven, organische Abfälle, Schnecken und Fischlaich; lebt am Kies- und Sandgrund schnell fließender Bäche und Flüsse mit guter Wasserqualität

▲ Bachneunauge

Größe: 10 — 20 cm
Kennzeichen: schuppenloser, aalartiger Körper mit blaugrauer bis braungrüner Oberseite und weißem Bauch, scheibenförmiges Saugmaul, Flossensaum am Rücken; sieben Kiemenöffnungen, das Auge und die Nasenöffnung ergeben „neun Augen"; frisst abgestorbenes Pflanzenmaterial und Algen; aufgrund der fehlenden Schwimmblase und Flossen ist es ein schlechter Schwimmer

▲ Groppe

Größe: 12 — 16 cm
Kennzeichen: schuppenloser, keulenförmiger Körper, grau-braun marmoriert, breiter Kopf mit großem Maul, vergrößerte Brustflossen; frisst Insektenlarven, Kleinkrebse und Schnecken; bewohnt schnell fließende Bäche und Flüsse mit steinigen Untergrund; schlechte Schwimmerin

Kleine Schwarmfische

Einige Fische wie die kleinen, flinken Elritzen, der Dreistachlige Stichling oder der gesellige Gründling bilden zusammen mit anderen Artgenossen kleine Schwärme. Dabei schwimmt jeder Fisch eines Schwarms immer im gleichen Abstand zu den anderen Fischen sowie in die gleiche Richtung. Auf diese Weise täuschen sie einem möglichen Fressfeind vor, sie seien ein einziger großer Fisch. Greift doch einmal ein hungriges Raubtier an, sind die Überlebenschancen im Schwarm deutlich größer.

▲ Elritze

Größe: 6 — 8 cm
Kennzeichen: langgestreckter, gelb-bräunlicher bis grau-grünlicher, mit kleinen Schuppen versehener Körper, Seiten mit schwarz-braunen Punkten und Streifen; frisst Insektenlarven und Kleinkrebse; lebt in sauberen, kühlen, klaren und sauerstoffreichen Bächen und Flüssen

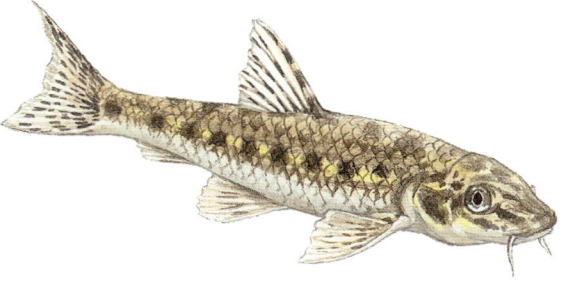

▲ Gründling

Größe: 8 — 15 cm
Kennzeichen: schlanker Körper mit dunkelbrauner bis olivgrüner Rückenfärbung, deutlich gegabelte Schwanzflosse, ein Paar kurze Barteln in den Mundwinkeln; frisst Insektenlarven, Würmer, Weichtiere, kleine Krebse, Fischbrut und Pflanzenteile; lebt gesellig in großen Schwärmen in sauberen, schnell fließenden Gewässern über sandig-kiesigem Grund

▲ Dreistachliger Stichling

Größe: 5 — 11 cm
Kennzeichen: gestreckter, seitlich abgeflachter, schuppenloser Körper, blaugrau bis olivgrün gefärbter Rücken mit drei freistehenden Stacheln vor der Rückenflosse, spitz zulaufender Kopf mit großen Augen; frisst Würmer, Kleinkrebse, Insektenlarven sowie Fischlaich und -brut; äußerst anpassungs- und widerstandsfähig

Fische im Mittel- und Oberlauf von Bächen und Flüssen

Im Mittel- und Oberlauf der Flüsse wird das Flussbett immer breiter, es wachsen mehr und mehr Pflanzen und die Strömung wird gemächlicher. Hier leben Fische mit ganz unterschiedlichen Lebensgewohnheiten und Ansprüchen.

▲ Europäische Äsche

Größe: 30 — 50 cm
Kennzeichen: grauer Rücken mit silbernen bis messingfarbenen Flanken, kleiner Kopf mit kleinem unterständigen Maul und spitz zulaufenden Pupillen, hohe Rückenflosse (= Äschenfahne); frisst Insekten, Würmer und kleine Fische; lebt in klaren, kühlen und sauerstoffreichen Bächen und Flüssen; sehr standorttreu

▲ Nase

Größe: 25 — 40 cm
Kennzeichen: graublauer bis graugrüner Rücken mit silbrigen Flanken, dicke, nasenartige Oberlippe; frisst Pflanzen und Algen, die sie mithilfe ihres schaberartigen Unterkiefers abweidet; lebt gesellig in schnell fließenden Bächen und Flüssen mit sandigem oder kiesigem Grund

▲ Döbel

Größe: 30 — 50 cm
Kennzeichen: graubauner Rücken, schmutzig-weißer Bauch und rötliche Bauch- und Afterflossen, großer, dicker Kopf mit breitem Maul, große dunkel umrandete Schuppen, frisst Insektenlarven, Würmer, kleine Fische sowie Fischlaich und -brut; lebt in kleinen Gruppen meist nahe der Oberfläche schnell fließender Bäche und Flüsse; sehr scheuer Fisch

▲ Flussbarsch

Größe: 15 — 30 cm
Kennzeichen: dunkelgrau bis olivfarben mit sechs bis neun dunklen Querbinden (= Barschstreifen), zwei auffällige graue Rückenflossen, von denen die vordere mit harten und die hintere mit weichen Stachelstrahlen besetzt ist; frisst Fische, Würmer, Kleinkrebse, Fischbrut und Insekten; Jungtiere leben und jagen in Schwärmen, erwachsene Tiere leben einzelgängerisch

Wanderfische

Manche Fische wandern große Strecken zwischen ihrem Wohngewässer und dem Gewässer, in dem sie ihre Eier ablegen. Einige Fische
wechseln dabei sogar vom salzigen Meer ins Süßwasser der Flüsse
und umgekehrt. Aale zum Beispiel leben im Süßwasser. Zum Laichen
wandern sie aus den Flüssen weit in den Atlantik hinaus. Mit dem
Golfstrom kommen die jungen Fische nach drei Jahren an die Küste zurück. Die durchscheinenden Jungaale, die man auch Glasaale
nennt, wandern von den Flussmündungen flussaufwärts. Nach einigen Jahren kehren sie wieder ins Meer zurück, um dort zu laichen. Bei
den Lachsen ist es genau umgekehrt. Sie
leben eigentlich im Meer und kommen
nur zum Laichen flussaufwärts.

► Europäischer Flussaal

Größe: Männchen 43 — 46 cm, Weibchen 12 — 130 cm
Kennzeichen: schlangenartiger Körper mit schleimiger
Haut, schwarz bis dunkelgrüner Rücken mit langem
Flossensaum, Bauch gelb oder silbrig; Weibchen etwa
doppelt so groß wie Männchen; frisst Insekten, Muscheln, Schnecken, Würmer, Fische und Krebse; laicht
im offenen Meer der Sargassosee (Atlantik)

▲ Atlantischer Lachs

Größe:100 — 140 cm
Kennzeichen: silbern glänzend mit dunklen Flecken
oberhalb der Seitenlinie; frisst Insekten, Krebstiere und
kleine Fische; Jungtiere leben zwei bis drei Jahre in schnell
fließenden, kühlen, sauerstoffreichen Flussbereichen, die
erwachsenen Tiere bewohnen das salzige Meerwasser
von Nord- und Ostsee

▲ Flussbarbe

Größe: 25 — 75 cm
Kennzeichen: langgestreckter Körper mit graugrünem Rücken, weißlichem Bauch, rüsselartiges Maul mit wulstigen
Lippen und vier Barteln; frisst Fischlaich, Insektenlarven, Würmer und Weichtiere sowie Pflanzenteile; bewohnt Strömungs-
bereiche mit steinig-sandigem Grund; überwintert in großen
Gruppen unter Wurzeln oder an strömungsarmen Stellen

Muscheln, Schnecken und Krebse

Auf dem Grund von Bächen und Flüssen leben erstaunlich große Süßwassermuscheln. Jede Muschel besitzt zwei Schalenhälften. Im Gegensatz zu den Muscheln haben Schnecken nur ein einteiliges Gehäuse. Manchmal kannst du am Ufer von Bächen und Flüssen die leeren Muschelschalen oder Schneckenhäuser entdecken. Auch einige Krebstiere leben versteckt am Gewässergrund. Sie atmen wie die Fische mit Kiemen.

▲ Flussperlmuschel

Größe: 10 – 15 cm
Kennzeichen: dickwandige Schale mit dunkelbrauner Haut, die an manchen Stellen abgerieben ist, sodass das Weiß hervorscheint; lebt in Kolonien zwischen Kieseln und Steinen am Grund sauerstoffreicher Bäche und Flüsse; die Larven entwickeln sich in den Kiemen der Bachforelle; bildet gelegentlich unregelmäßige Perlen aus

▲ Bachmuschel

Größe: 6 – 10 cm
Kennzeichen: gelbbraune bis dunkelbraune Schale; lebt in sandig-kiesigen Böden klarer, fließender Bäche und Flüsse; steckt meist mit dem stumpfen Schalenende voran bis zur Hälfte im Sand; die Larven entwickeln sich in den Kiemen bestimmter Wirtsfische (z. B. Döbel oder Flussbarsch)

▲ Grobgerippte Körbchenmuschel

Größe: 2 – 3 cm
Kennzeichen: gelbe bis dunkelbraune, dreieckig abgerundete Schale; lebt auf sandigen oder schlammigen Böden langsam fließender Bäche und Flüsse; kommt ursprünglich aus Asien

◄ Stumpfe Sumpfdeckelschnecke

Größe: bis 4 cm
Kennzeichen: gelbes mit braunen umlaufenden Längsstreifen gemustertes Gehäuse mit fünf bis sechs Windungen und stumpfer Spitze; frisst abgestorbene Pflanzen- und Tierreste sowie Algen; lebt in klaren, mäßig fließenden Bächen und Flüssen; verschließt ihr Gehäuse bei Gefahr mit einem Deckel

▲ Flussmützenschnecke

Größe: 0,5 – 1,1 cm
Kennzeichen: napfförmige Schale mit leicht nach rechts gedrehter Spitze; frisst Kiesel- und Grünalgen sowie Wasserflechten, die sie mit ihrer Raspelzunge von Steinen abweidet; lebt am Grund sauerstoffreicher Bäche und Flüsse

▲ Gewöhnlicher Flohkrebs

Größe: 1,2 — 2 cm
Kennzeichen: weißlich-gelb bis grünlich-grau, Körper im Ruhezustand halbkreisförmig eingekrümmt, zwei Paar Antennen am Kopf; frisst abgestorbene Pflanzen- und Tierreste; lebt am Grund von fließenden Bächen; kann gut schwimmen

▲ Wollhandkrabbe

Größe: Panzer 7 — 9 cm (mit Beinen bis zu 30 cm)
Kennzeichen: olivgrün bis braun, Rückenpanzer mit feinen Sägezähnen am Rand, Männchen mit großen, dicht behaarten Scheren; frisst Fische, Schnecken, Muscheln und Wasserpflanzen; wandert zur Fortpflanzung ins Meer; vor 100 Jahren aus China eingeführt

◄ Steinkrebs

Größe: 8 — 10 cm
Kennzeichen: graubraun, Männchen mit kräftigen Scheren; frisst Insekten, Muscheln, Wasserpflanzen und Aas; lebt in kalten, klaren Bächen und Flüssen mit steinigem Untergrund, gräbt Höhlen unter Steinen, Wurzeln und Totholz; kann kurzzeitig außerhalb des Wassers leben

ACH SO!

Flusskrebse

Flusskrebse wie der Steinkrebs oder der Edelkrebs leben im ruhigen Wasser in der Nähe von unterspülten Baumwurzeln. Gewöhnlich schreiten sie über den Grund. Bei Gefahr schwimmen sie jedoch mit kräftigen Schlägen ihres Schwanzfächers stoßweise rückwärts davon. Wenn sie ihren alten, harten Panzer abgeworfen haben, sind die Flusskrebse acht Tage lang schutzlose „Butterkrebse". Denn der neue Panzer ist weich und muss erst aushärten.

Insekten

In sauberen Bächen und Flüssen finden sich viele Insekten. Vor allem Fliegen legen ihre Eier in den Fließgewässern ab. Die Larven haben es jedoch schwer, nicht von der Strömung mitgerissen zu werden. Insektenlarven bilden die Nahrungsgrundlage vieler Fische. Über der Wasseroberfläche schwirren die farbenfrohen, wendigen Libellen. Sie legen ihre Eier an Wasserpflanzen oder ebenfalls direkt im Wasser ab.

ACH SO!

Larven im Wasser

An ruhigen Stellen im Bach finden sich oft Larven. Gibt es viele Larven, ist die Wasserqualität besonders gut. Die Larven der Eintagsfliegen entwickeln sich ein Jahr im Wasser. Die erwachsenen Tiere leben anschließend nur wenige Tage. Steinfliegenlarven sind die Lieblingsspeise aller Forellen. Köcherfliegenlarven bauen sich kleine Wohnröhren aus Sandkörnern und Pflanzenstückchen und kleben sie anschließend am Bachgrund fest.

Eintagsfliegenlarve

Steinfliegenlarve

Köcherfliegenlarve

▲ Gemeine Eintagsfliege

Größe: 3 — 38 mm
Kennzeichen: zarte, graubraun gefärbte Tiere mit großen, durchsichtigen, deutlich geäderten Flügeln, schlanker und lang gestreckter Hinterleib mit ausladenden Anhängen; die im Wasser lebenden Larven ernähren sich von Algen, abgestorbenen Pflanzen- und Tierresten sowie Kleinlebewesen

▲ Köcherfliege

Größe: 15 — 20 mm
Kennzeichen: bräunlich gefärbt mit kleinem behaartem Kopf und langen fädigen Fühlern, zarte, fein behaarte Flügel ("Pelzflügler"), die steil dachartig über dem Körper ruhen; sitzt oft träge auf schattig-feuchten Stellen der Uferpflanzen

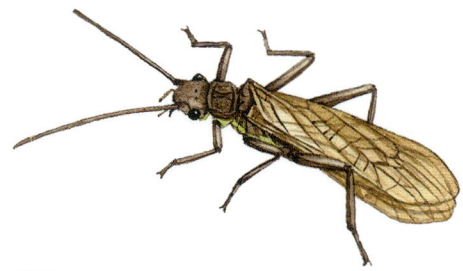

▲ Steinfliege

Größe: 4 — 40 mm
Kennzeichen: unauffällig gefärbt, lange, faden-
förmige Fühler; besitzt zwei Flügelpaare, die in
Ruhe flach nach hinten über den Körper gefaltet
werden; sitzt tagsüber meist träge auf Blättern
der Uferpflanzen kalter Fließgewässer

▲ Gebänderte Prachtlibelle

Größe: 40 — 50 mm, Flügelspannweite: 60 — 70 mm
Kennzeichen: blau schillerndes Männchen mit breiter blauer Flü-
gelbinde; Weibchen metallisch grün; lebt an schattenarmen Ufern
breiter, langsam fließender Bäche und Flüsse

▲ Grüne Flussjungfer

Größe: 50 — 55 mm
Flügelspannweite: 65 — 75 mm
Kennzeichen: Augen, Stirn und Brust grün ge-
färbt, Hinterleib schwarz mit gelben Mittel- und
Seitenflecken, zum Ende hin deutlich verdickt;
Larven leben bevorzugt in kühlen, sandigen Bä-
chen bis hin zu breiten Flüssen geringer Fließge-
schwindigkeit; selten und streng geschützt

▲ Plattbauch-Libelle

Größe: 39 — 48 mm, Flügelspannweite: 65 — 80 mm
Kennzeichen: Männchen mit hellblauem Körper und gelben Flecken,
Weibchen mit olivbraunem, sehr breitem, kurzem und abgeplatte-
tem Hinterleib, Flügel transparent und deutlich geädert; bewohnt
langsame Flussläufe; scheu, aber häufig

▲ Gelbrandkäfer

Größe: 27 — 35 mm
Kennzeichen: Schwimmkäfer mit grünlich schim-
merndem Rücken und gelbem Bauch; Hinterbeine
mit langen Borsten zum Manövrieren unter Wasser; erbeutet Wasserinsekten und Kaulquappen;
schwimmt zum Atmen an die Wasseroberfläche
und pumpt Luft unter die Flügeldecken

▶ Taumelkäfer

Größe: 5 — 8 mm
Kennzeichen: gewölbter Körper mit glat-
ter, schwarzer Oberfläche und Punkten;
jagt auf und unter dem Wasser Insekten; bewohnt ruhigere Flussabschnitte;
taumelnde Bewegungen auf der Wasseroberfläche; tummelt sich in Scharen

Lebensraum Teiche und Seen

An und in Teichen und Seen leben Pflanzen und Tiere, für die das Wasser ganz besonders wichtig ist. Hier gibt es Fische und Frösche. Vögel suchen nach Nahrung oder nehmen ein Bad. Und in der Luft schwirren bunte Libellen und andere Insekten. Im Winter herrscht dagegen Ruhe. Die Tiere haben sich zurückgezogen.

Was sind Teiche und Seen?

Teiche und Seen sind Gewässer, in denen das Wasser fast still steht. Sie haben mindestens einen Zulauf und einen Ablauf. Im Gegensatz zu Seen sind Teiche oft nicht sehr tief, sodass das Sonnenlicht den Grund erreicht und sich das Wasser rasch erwärmt. Teiche sind groß genug, um im Sommer nicht auszutrocknen und im Winter nicht völlig zuzufrieren. So können viele Tiere im Bodenschlamm überleben. Ein See ist größer und tiefer als ein Teich.

Teiche und Seen sind wichtige Lebensräume für viele Tiere und Pflanzen.

Wie entstehen Teiche und Seen?

Teiche sind nicht natürlich entstanden, sondern wurden von Menschen angelegt. Häufig werden in ihnen Fische gezüchtet. Seen entstanden am Ende der letzten Eiszeit vor ungefähr 10 000 Jahren. Beim Schmelzen der riesigen Gletscher sammelte sich das Wasser in natürlichen Becken. Der Bodensee oder die Müritz entstanden auf diese Weise. Auch die Kraterseen sind natürliche Seen. Sie entstanden, als sich die Krater erloschener Vulkane mit Regenwasser füllten. Darüber hinaus gibt es noch künstlich angelegte Seen, wie unsere Bagger- und Stauseen.

Leben Teiche und Seen ewig?

Selbst der größte See ist vergänglich. Die Flüsse, die in einen See hineinfließen, schleppen fortwährend Steine und Sand mit sich und füllen den See langsam auf. Von der Uferzone wachsen immer mehr Pflanzen in den See und sorgen so dafür, dass sich fester Boden bildet. Man sagt dazu: Der See verlandet. Selbst Deutschlands größter See, der Bodensee, wird vermutlich in einigen Zehntausend Jahren verschwunden sein.

In einem gesunden, sauberen Teich oder See tummeln sich Fischfresser wie der Haubentaucher.

Die Ringelnatter ist eine Wasserschlange. Sie kann sehr gut schwimmen, jagt aber auch auf dem Land.

Frösche wie der Laubfrosch leben sowohl im Wasser als auch an Land.

Welche Tiere leben in Teichen und Seen?

In stillen Teichen und Seen fühlen sich Fische wie Karpfen, Hecht, Wels und Rotfeder genauso wohl wie die zahlreichen Würmer, Schnecken und Muscheln. Die Uferzone ist ein wichtiger Lebensraum für viele Vögel. Versteckt zwischen Schilf- und Rohrkolben ziehen sie hier ihre Jungen auf. Auch Teichmolche und Frösche haben hier ihre Laichstuben. An der Wasseroberfläche schwirren Libellen und andere Insekten. Das Leben in Teichen und Seen verändert sich im Laufe des Jahres. Fast in keinem anderen Lebensraum finden sich so deutliche Unterschiede zwischen den Bedingungen im Sommer und im Winter. Während das Leben an Teichen und Seen im Sommer pulsiert, herrscht im Winter Ruhe.

Tipps für Teich- und Seeforscher

Teich- und Seeforscherregeln

- Lass die Tiere in ihrem Lebensraum und störe sie nicht unnötig! Wenn du ein Wassertier in deinem Wassereimer beobachtest, lass es bald wieder frei!
- Vogeleier bleiben unberührt im Nest!
- Suche dir nur einen einzigen Platz am Ufer zum Keschern aus, damit du nicht überall die Uferpflanzen zertrittst!
- Bleib immer in Sichtweite deiner erwachsenen Begleiter!
- Bring dich rechtzeitig in Sicherheit, wenn ein Unwetter aufzieht!
- Erfreue dich an den Blumen in der Natur und pflücke Blumen nur im Garten!
- Ist das Wasser tief, solltest du unbedingt schwimmen können. Sonst musst du auf deiner Entdeckungstour eine Schwimmweste tragen!
- Hinterlass keinen Müll in der Natur!

TEICH- & SEE-FORSCHER

Libellenlarven-Hüllen

Wusstest du, dass Libellen die meiste Zeit ihres Lebens im Wasser verbringen? Dort schlüpfen kleine Libellenlarven aus ihren Eiern und machen den Teichgrund unsicher, denn sie leben räuberisch. Je nach Nahrungsangebot sind die Larven nach ein bis vier Jahren ausgewachsen. Dann klettern sie an einem Schilfstängel hoch. Nun schlüpft aus der Larve eine wunderschöne Libelle. Dabei hinterlassen sie an den Uferpflanzen leere Hüllen. Suche nach ihnen!

Bisam-Pfade

Bisame streifen in der Nähe der Teiche und Seen umher. Dabei entstehen deutlich sichtbare Bisam-Pfade. Schaue am Ufer, ob du solche Pfade erkennen kannst! Wohin führen sie?

Unterwassergucker

Mit einem Unterwassergucker kannst du dir die Welt unter Wasser ansehen. Trenne mit einem Dosenöffner Deckel und Boden aus einer großen Blechdose. Glätte anschließend die scharfen Kanten der Dose vorsichtig mit Schmirgelpapier. Am besten trägst du dabei dicke Arbeitshandschuhe, sonst kannst du dir schnell tiefe Wunden holen. Spanne dann Plastikfolie straff über die Dosenöffnung und binde die Folie wasserdicht mit Klebeband am Dosenrand ab. Fertig!

Kaulquappen beobachten

Im Frühjahr kannst du im Flachwasser viele kleine, schwarze Kaulquappen entdecken. Fange einige von ihnen vorsichtig mit einem Eimer oder Wasserglas und schau sie dir genau an! Wie bewegen sie sich fort? Vergiss nicht, die Tiere anschließend wieder freizulassen!

Kleine Fellträger

An Teichen und Seen lebt eine Vielzahl von Säugetieren. Sie errichten in Ufernähe ihre Wohnhöhlen und Baue und gehen im Wasser auf Jagd. Die meisten von ihnen, zum Beispiel die Sumpfspitzmaus oder der Bisam, können sehr gut schwimmen und nach Nahrung tauchen. Das dichte Fell hält sie bei ihren Schwimm- und Tauchausflügen warm und trocken.

▲ Bisam

Größe: 25 — 35 cm, Schwanz 20 — 25 cm
Kennzeichen: dichtes, weiches, glänzendes Fell mit rot-braunem Rücken und grau-weißem Bauch; frisst Wasser- und Uferpflanzen, Getreide, Gemüse, Obst sowie Gräser; baut ausgedehnte Wohnröhren in die Uferböschungen, was manchmal zum Abfließen des Wassers aus den Teichen führt; wurde vor über 100 Jahren aus Kanada nach Europa zur Pelztierzucht eingeführt

▲ Sumpfspitzmaus

Größe: 6 — 8,5 cm, Schwanz 4 — 5,5 cm
Kennzeichen: grauschwarzes Fell mit weißer Unterseite; frisst Insekten und deren Larven, Spinnen, Würmer sowie kleine Fische; gräbt in Böschungen schilfbewachsener Ufer weit verzweigte Gangsysteme; bewegt sich bei ihren Schwimm- und Tauchgängen wie an Land; lähmt ihre Beute mit einem Biss in den Nacken; lebt in kleinen Gruppen

ACH SO!

Nächtliche Räuber

Viele Säugetiere ruhen tagsüber und gehen erst nachts auf die Jagd. Der Iltis hält sich tagsüber in Bauen, Wurzelbereichen und Baumstämmen versteckt. Der Waschbär ruht in den Baumkronen und streift nachts auf Nahrungssuche umher. Weil sie ihre Nahrung auch gern unter Steinen am Gewässergrund suchen, meinten die Menschen früher, sie würden ihre Nahrung waschen.

▲ Waschbär

Größe: 45 — 71 cm, Schwanz 20 — 38 cm
Kennzeichen: schwarz-weiße Gesichtsmaske, spitze Nase, graues Fell, geringelter Schwanz; frisst kleine Tiere, Früchte, Getreide und Eier; lebt meist in Gemeinschaft von mehreren Tieren; erst seit rund 80 Jahren bei uns heimisch

Kleine Raubtiere

Viele kleine Fellträger, die in der Nähe von Teichen und Seen leben, sind geschickte Räuber. Häufig gehen sie schwimmend oder tauchend auf Beutefang, wie Iltis oder Sumpfspitzmaus. Der Iltis verlässt sich bei der Suche nach Nahrung auf seinen ausgeprägten Geruchssinn. Hat er ein Beutetier entdeckt, schlägt er blitzschnell zu und tötet sein ahnungsloses Opfer mit einem Biss in den Nacken. Das erfolgreiche Raubtier überwältigt dabei Tiere, die doppelt so groß sein können wie es selbst.

◀ Europäischer Iltis

Größe: 20 — 46 cm, Schwanz 7 — 19 cm
Kennzeichen: dunkelbraunes bis schwarzes Fell mit gelbem Unterfell, Gesichtsmaske mit weiß-brauner Zeichnung; frisst Frösche, Kröten, Vögel und deren Eier, Fische, kleine Nagetiere und Kaninchen; legt Vorratskammer zum Teil aus lebenden Fröschen an; bewegt sich in kleinen Sprüngen fort

▲ Teichfledermaus

Größe: 5,7 — 6,7 cm, Flügelspannweite: 20 — 30 cm
Kennzeichen: dichtes, seidig glänzendes Fell, mit bräunlichem bis graubraunem Rücken und weißem Bauch; jagt Fliegen und Mücken, die sie von der Wasseroberfläche sammelt; hat ihr Sommerquartier (mit bis zu 500 Weibchen) meist in alten Kirchtürmen oder Dachstühlen; überwintert in unterirdischen, frostfreien Spalten und Höhlen

▲ Zwergmaus

Größe: 5 — 8 cm, Schwanz 4,5 — 7,5 cm
Kennzeichen: kurzes, gelblichbraunes Fell mit abgesetzter weißer Unterseite; frisst Körner und Samen; baut zwischen Schilfhalmen ein Kugelnest; klettert geschickt an Schilfstängeln und Grashalmen und hält sich dabei mit dem Greifschwanz fest; überwintert in kleinen Gruppen; kleinstes Nagetier Europas

Wasservögel

Es gibt viele Vögel, die in der Nähe oder direkt am Ufer von Teichen und Seen leben. Denn hier gibt es immer etwas zu fressen. Viele Arten haben sich auf eine bestimmte Nahrung spezialisiert. Der Haubentaucher etwa fängt mit seinem spitzen Schnabel Frösche und Fische. Höckerschwan und Stockente fressen gern Wasserpflanzen und Gras. Blässhühner mögen ebenfalls Pflanzen, tauchen aber auch nach Muscheln und Schnecken.

▲ Teichrohrsänger

Größe: 13 — 15 cm, Flügelspannweite: 18 — 21 cm
Kennzeichen: braunes Gefieder mit weißer Unterseite und Kehle; frisst Insekten, Larven, Spinnen und Weichtiere; klettert geschickt an Schilfhalmen; baut in 70 bis 80 cm Höhe ein napfförmiges Nest im Röhricht; ruft „wäd", „krärr" oder „kra"

▲ Rohrammer

Größe: 15 — 16 cm, Flügelspannweite: 21 — 26 cm
Kennzeichen: Männchen braun-schwarz gestreift, Kopf und Kehle schwarz, Bauch und Nacken hell, Weibchen braun gestreift; frisst Würmer, Insekten und Samen; ausdauernder, oft unmelodischer Gesang; auch als Rohrspatz bekannt

ACH SO!

Vögel im Röhricht

Versteckt im Röhricht leben Vögel, die nur durch ihren Gesang auf sich aufmerksam machen. Die großen Rohrdommeln sind mit ihrem gelbbraunen Gefieder zwischen den Halmen kaum auszumachen. Bei Gefahr strecken die Vögel ihren Hals wie einen Pfahl nach oben und wiegen den Körper leicht hin und her — genau wie die Schilfhalme im Wind!

◄ Rohrdommel

Größe: 70 — 80 cm
Flügelspannweite: 125 — 135 cm
Kennzeichen: gelbbraun gestreiftes Gefieder, kurzer, dicker Hals, kräftiger Schnabel; frisst Fische, Frösche und Insekten; wird wegen ihres weithin hörbaren Balzrufs auch „Moorochse" genannt

Gründeln

ACH SO!

Enten und Schwäne bleiben das ganze Jahr über an unseren Teichen und Seen. Viele von ihnen gehen gründelnd auf Nahrungssuche. Das heißt, sie stecken Kopf und Hals unter Wasser und suchen den Grund nach Nahrung ab. Mit den Lamellen ihres Schnabels sieben sie dabei das Futter aus dem Schlamm. Beim Gründeln ragt nur das Hinterteil der Tiere aus dem Wasser.

▲ Stockente

Größe: 58 — 62 cm
Flügelspannweite: 80 — 90 cm
Kennzeichen: Männchen mit grün schillerndem Kopf, weißem Halsring, brauner Brust und gelbem Schnabel, Weibchen braun-grau gesprenkelt; frisst Samen, Früchte, Pflanzen, Weichtiere, Frösche und Krebse; errichtet ihr Nest in dicht bewachsenen Uferbereichen

▲ Graugans

Größe: 75 — 90 cm
Flügelspannweite: 145 — 180 cm
Kennzeichen: bräunlich-graues Gefieder, oranger Schnabel; frisst Pflanzen, Wurzeln und Beeren; lebt oft in großen Schwärmen; ruft laut „gang-gang-gang"

▲ Höckerschwan

Größe: 145 — 160 cm
Flügelspannweite: 220 — 240 cm
Kennzeichen: weißes Gefieder, schwarzer Höcker auf orangem Schnabel, schwarze Beine; frisst Wasserpflanzen, Muscheln und Schnecken; vertreibt Eindringlinge mit lautem Zischen und Fauchen

▲ Rohrweihe

Größe: 48 — 62 cm
Flügelspannweite: 110 — 130 cm
Kennzeichen: Männchen rostbraun, Flügelspitzen schwarz, Schwanz grau , Weibchen dunkelbraun mit hellgelbem Kopf; frisst Vögel, Kleinsäuger, Fische, Frösche, Eidechsen und Insekten; schaukelnder Flug oft dicht über dem Boden

▲ Haubentaucher

Größe: 46 — 51 cm
Flügelspannweite: 59 — 73 cm
Kennzeichen: braun mit hellem Bauch und weißer Brust, zweigeteilte, schwarzbraune Federhaube, spitzer Schnabel, rote Augen; frisst Fische und Wasserinsekten; selten an Land

▲ Blässhuhn

Größe: 36 — 42 cm
Flügelspannweite: 70 — 80 cm
Kennzeichen: schwarz mit weißer Stirnplatte (= Blesse), kräftige Füße mit Schwimmlappen; frisst Algen, Wasserpflanzen, Insekten und Muscheln; schwimmt kopfnickend

Raub- und Friedfische

In Teichen und Seen leben Raubfische, die ihre Beute jagen und sich von anderen Fischen des Gewässers ernähren, sowie Friedfische, die in friedlicher Gemeinschaft miteinander leben und Pflanzen, Würmer und Larven fressen. Ist das Wasser klar, kannst du einige schon vom Ufer aus beobachten. Du musst dich ruhig verhalten. Fische können jede Lichtveränderung wahrnehmen und verschwinden schnell.

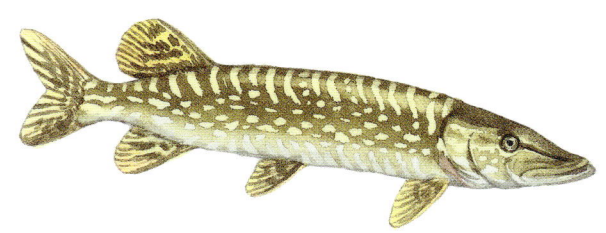

▲ Hecht

Größe: 50 — 100 cm
Kennzeichen: langgestreckter, fast runder Körper mit braunem oder grünem Rücken, weißem Bauch und zahlreichen Querbinden, langer Kopf mit großem, abgeflachtem Maul (= Entenschnabel) und großen Zähnen, weit hinten sitzende Rückenflosse; frisst Fische, teilweise auch die eigenen Artgenossen; lebt in krautreichen Uferregionen

▲ Zander

Größe: 40 — 70 cm
Kennzeichen: langgestreckter, spindelförmiger Körper mit grünlich-grauem Rücken und weißem Bauch, Kopf zugespitzt mit vielen Zähnen; frisst kleine Fische, teilweise auch der eigenen Art; lebt in trübem Wasser in zwei bis drei Metern Wassertiefe; lichtscheuer Raubfisch mit hervorragendem Sehvermögen

ACH SO!

Barteln

Hast du dich schon einmal gefragt, warum manche Fische lange Bartfäden am Maul haben? Diese fadenförmigen Hautauswüchse dienen zum Beispiel Welsen, Karpfen oder Schmerlen zum Tasten und Schmecken. Die Anzahl der Barteln ist dabei von Fischart zu Fischart verschieden und kann von einer bis zu zehn Barteln reichen.

◄ Flusswels

Größe: 100 — 150 cm
Kennzeichen: langgestreckter, walzenförmiger Körper ohne Schuppen, breites Maul mit Bürstenzähnen sowie zwei langen und vier kurzen Barteln; frisst Fische, Krebse, Würmer, Schnecken und Insekten; nachtaktiver Raubfisch mit hervorragendem Geruchs- und Geschmackssinn, versteckt sich tagsüber in Spalten, Uferhöhlen, unter Steinen oder dem Wurzelgeflecht alter Bäume

▲ Karpfen

Größe: 35 — 50 cm
Kennzeichen: langgestreckter, seitlich abgeflachter Körper mit olivgrünem Rücken und goldgelbem Bauch, rüsselartiges, ausstülpbares Maul mit vier Barteln, große Schuppen; frisst Schnecken, Krebse, Muscheln und Insektenlarven, wühlt im Grund nach Nahrung

▲ Karausche

Größe: 20 — 35 cm
Kennzeichen: hochrückiger, seitlich abgeflachter Körper mit bräunlich-grünem Rücken und schmutzig-weißem Bauch, große Schuppen; frisst Pflanzen und Insektenlarven; lebt in warmen, stark bewachsenen Teichen und Seen

◀ Europäischer Schlammpeitzger

Größe: 15 — 35 cm
Kennzeichen: rötlich-braun mit dunkelbraunen Längsstreifen, schleimige Haut, 5 Paar Barteln; frisst Muscheln, Schnecken und Insekten; tagsüber eingegraben im schlammigen Grund

▲ Rotfeder

Größe: 20 — 30 cm
Kennzeichen: grüner Rücken, silbrig-weißer Bauch, rot leuchtende Flossen; frisst Algen, Wasserpflanzen und Insekten; lebt in dicht bewachsenen Uferzonen mit schlammigem Grund

▶ Bitterling

Größe: 5 — 9 cm
Kennzeichen: grau-grüner Rücken, silberner Bauch, große Schuppen; frisst Pflanzen, Würmer, Kleinkrebse und Insektenlarven; geselliger Schwarmfisch, bevorzugt Uferbereiche ruhiger Gewässer mit schlammigem Grund

ACH SO!

Fürsorgliche Fischeltern

Fische sind in der Regel keine besonders fürsorglichen Eltern. Nachdem das Männchen die Eier des Weibchens befruchtet hat, wird die Fischbrut meist sich selbst überlassen. Bitterlinge dagegen vertrauen die Aufzucht ihrer Brut einer Art „Pflegemutter" an. Das Weibchen legt ihre Eier mithilfe einer Legeröhre in den Kiemenraum einer Fluss- oder Teichmuschel ab, wo das Männchen die Eier befruchtet. Perfekt geschützt zwischen den Schalen schlüpfen die Larven und verlassen „ihre" Muschel erst, wenn sie etwa einen Zentimeter lang sind.

▲ Moderlieschen

Größe: 6 — 12 cm
Kennzeichen: braun-grüner Rücken, weißer Bauch, große Augen; frisst Plankton und Insekten; geselliger Schwarmfisch, schwimmt dicht unter der Wasseroberfläche

Frösche und Kröten

Frösche und Kröten leben dort, wo es feucht ist. Frösche haben eine glatte Haut, die schnell austrocknet. Die Haut der Kröten ist mit Warzen bedeckt. Frösche und Kröten kommen im Frühling an Teiche und Seen, um ihre Eier, den Laich, in Ballen oder Schnüren im Wasser abzulegen. Im Sommer hört man die grünen Wasserfrösche laut quaken.

▲ Teichfrosch

Größe: 7 — 12 cm
Kennzeichen: grün, manchmal auch braun, mit dunklen Flecken; frisst Insekten, Würmer und Kaulquappen; lebt ganzjährig an Teichen und Seen; überwintert im schlammigen Boden

▲ Grasfrosch

Größe: 5 — 11 cm
Kennzeichen: braun mit schwarzen Flecken und braunen Querstreifen an den Hinterbeinen; frisst Regenwürmer, Schnecken, Spinnen und kleine Insekten; kommt nur zum Laichen ans Wasser, lebt sonst auf Wiesen und Weiden

▲ Laubfrosch

Größe: 3 — 6 cm
Kennzeichen: grüne, glatte Haut, Unterseite weiß; frisst Insekten, Spinnen und Schnecken; klettert mithilfe seiner Haftballen im Gebüsch am Ufer; ruft nachts laut

ACH SO!

Der Sängerwettstreit

Im Frühjahr, wenn es wärmer wird, treten die Frösche in einen wahren Sängerwettstreit. Mit ihrem lauten Quak-Konzert wollen sie die Weibchen anlocken und gleichzeitig ihr Revier markieren. Die lauten Töne erzeugen die kleinen Tiere mithilfe ihrer Schallblasen. Je nach Art haben die Lurche eine Schallblase wie der Laubfrosch oder zwei Schallblasen wie der Kleine Wasserfrosch. Übrigens: Der Laubfrosch quakt von unseren Lurchen am lautesten. Sein Gequake ist noch in 500 Metern Entfernung zu hören!

▲ Kleiner Wasserfrosch

Größe: 4,5 — 7,5 cm
Kennzeichen: grasgrün mit schwarzen oder braunen Flecken; frisst Wasserflöhe, Insektenlarven, Regenwürmer und Schnecken; oft weit vom Laichgewässer entfernt anzutreffen

Vom Laich zum Frosch

Frösche und Kröten legen im Frühjahr große Laichballen und Laichschnüre im Wasser ab, die aus vielen Hundert bis Tausend Eiern bestehen. Aus den Eiern schlüpfen die Kaulquappen. Das sind die Larven von Fröschen und Kröten. Die Kaulquappen ernähren sich von kleinen Algen, die auf den Wasserpflanzen sitzen. Bis zum Sommer entwickeln sich die Kaulquappen zu kleinen Fröschen oder Kröten und verlassen dann das Wasser, wenn sie nicht vorher von Fischen, Libellenlarven oder anderen Tieren gefressen werden.

◄ Rotbauchunke

Größe: 4,5 — 5 cm
Kennzeichen: dunkelgrau bis schwarz mit orangefarbenen oder roten Flecken am Bauch; frisst Insekten und deren Larven sowie Spinnen; Balzruf der Männchen sehr traurig; zeigt bei Gefahr gefleckten Bauch; wandert im Herbst ans Land und fällt in Kältestarre

▲ Moorfrosch

Größe: 5 — 7 cm
Kennzeichen: braun mit dunkelbraunem Schläfenfleck; frisst Insekten, Schnecken und Würmer; Männchen sind zur Paarungszeit leuchtend blau gefärbt und bilden große Ruf- und Laichgemeinschaften

▲ Teichmolch

Größe: 7 —11 cm
Kennzeichen: gelbbraun bis schwarzgrau, Männchen während der Balz mit Kamm an Rücken und Schwanz; frisst Insekten, Würmer, Schnecken und Krebstiere; lebt sowohl im Wasser als auch an Land

▲ Ringelnatter

Größe: 75 —150 cm
Kennzeichen: grau, manchmal auch braun oder grün, mit schwarzen Flecken, zwei gelbe Flecken an jeder Seite des Hinterkopfs; frisst Frösche, Molche, Fische und Kröten, frisst ihre Beute vom hinteren Ende; elegante Schwimmerin; für Menschen ungefährlich

Weichtiere und Krebse

Muscheln, Schnecken und Krebstiere spielen bei der Reinhaltung von Teichen und Seen eine wichtige Rolle. Sie filtern viele abgestorbene Pflanzen- und andere Schwebeteilchen aus dem Wasser und ernähren sich davon. Die meisten Schnecken in Teichen und Seen besitzen Lungen und müssen zum Atmen an die Wasseroberfläche kommen.

▲ Große Teichmuschel

Größe: 17 – 20 cm
Kennzeichen: eiförmig, gelblich bis dunkelbraun; lebt im Schlamm größerer Teiche und Seen; gräbt sich mit ihrem Fuß in den Grund und kann auch umherwandern

▲ Malermuschel

Größe: 7 – 10 cm
Kennzeichen: langgestreckt, gelblichgrün bis braun; Larven nisten sich in Kiemen von Fischen ein; Maler verwendeten ihre Schalen früher zum Anmischen von Farbe

▲ Wandermuschel

Größe: 2 – 4 cm
Kennzeichen: eckig, hellbraun mit dunklen Zickzackstreifen; setzt sich mit Haftfäden am Grund fest; freischwimmende Larven besiedeln neue Lebensräume; bildet großen Kolonien

▲ Spitzschlammschnecke

Größe: 4 – 7 cm
Kennzeichen: hornfarbenes Gehäuse mit langer Spitze; lebt in pflanzenreichen Teichen und Seen; kann als einzige Schnecke das Wasser verlassen und am Ufer herumkriechen

▲ Posthornschnecke

Größe: 3 – 4 cm
Kennzeichen: dunkelbraunes bis rötlichschwarzes Gehäuse mit dunklen Flecken; lebt am Grund sehr pflanzenreicher Teiche und Seen; hat als einzige europäische Schnecke rotes Blut

▲ Blutegel

Größe: 7 – 15 cm
Kennzeichen: dunkelbraun bis olivgrün mit sechs roten Längsstreifen auf dem Rücken und schwarzen Flecken am Bauch; ernährt sich vom Blut von Fröschen, Fischen und Säugetieren; lebt in saubereren Teichen und Seen mit viel Pflanzenbewuchs

◄ Edelkrebs

Größe: 15 — 20 cm
Kennzeichen: braun bis olivgrün, Scherenunterseite und -gelenke rot; frisst Insekten und deren Larven, Muscheln, Schnecken, Würmer und Wasserpflanzen; nachtaktiv, versteckt sich tagsüber im Uferbereich in Höhlen; bevorzugt saubere, warme Gewässer

Unter der Lupe

Nicht alle Tiere, die in Teichen und Seen leben, sind auf den ersten Blick zu sehen. Nimm mit einem Marmeladenglas eine Wasserprobe und du wirst staunen, wie viele verschiedene kleine Tiere du zu sehen bekommst! Mit einer Lupe kannst du auch die Kleinsten entdecken. Der kugelförmige Wasserfloh saust mit großer Geschwindigkeit umher und dreht sich ruckartig im Kreis. Seine großen Antennen helfen ihm beim Steuern. Auch die länglichen Hüpferlinge haben zwei lange Antennen, die beim Schwimmen helfen. Die größeren Wasserasseln haben zwar auch Antennen, zur Fortbewegung nutzen sie jedoch ihre Beine. Sie laufen auf dem Boden und klettern an Wasserpflanzen.

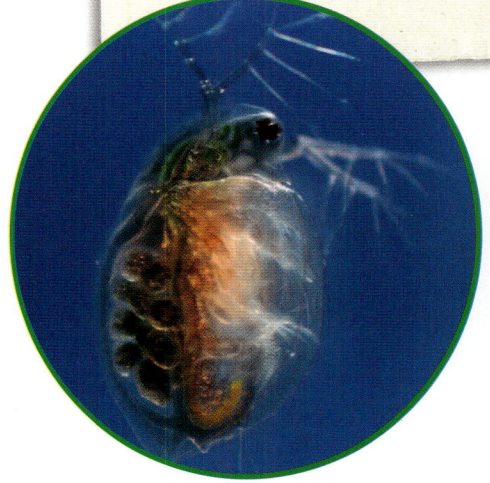

▲ Wasserfloh

Größe: 3 — 5 mm
Kennzeichen: das Tier umgibt eine flache, fast durchsichtige Schale; frisst Algen und Schwebeteilchen; bewegt sich mit seinen Ruderbeinen ruckartig durchs Wasser; kommt in großen Mengen in Teichen und Seen vor

▲ Hüpferling

Größe: 0,5 — 2 mm
Kennzeichen: breites ovales Vorderteil mit langen Antennen, schlankes Hinterteil; jagt Tiere, die so groß sind wie er selbst; lebt in Uferzonen von Teichen und Seen; bewegt sich in Sprüngen hüpfend durchs Wasser

▲ Wasserassel

Größe: 10 — 16 mm
Kennzeichen: sehr lange Fühler; frisst Pflanzenreste; bewohnt sowohl nährstoffreiche als auch verschmutzte Teiche und Seen; sehr widerstandsfähig, überlebt sogar Frost, ohne Schaden zu nehmen

Insekten und Spinnen

Libellen fallen auf, weil sie so groß und so schön bunt sind. Sie sind sehr neugierig. Es kann passieren, dass eine in der Luft stehen bleibt und dich mit großen Augen ansieht. An den Ufern von Teichen und Seen sowie im Wasser leben verschiedene Käfer, Wanzen und Spinnen. Sie alle haben besondere Tricks entwickelt, um Luft zu speichern oder zu transportieren.

▲ Blaugrüne Mosaikjungfer

Flügelspannweite: 90 — 100 mm
Kennzeichen: Großlibelle, Männchen schwarz-grün-blau und Weibchen schwarz-grün gefärbt

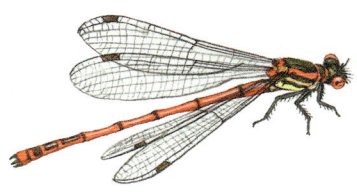

▲ Frühe Adonislibelle

Flügelspannweite: 40 — 50 mm
Kennzeichen: Kleinlibelle, rot mit schwarzer Zeichnung, Beine schwarz, legt Eier im Wasser ab

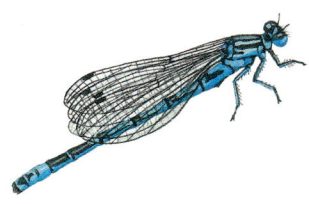

▲ Hufeisen-Azurjungfer

Flügelspannweite: 40 — 50 mm
Kennzeichen: Kleinlibelle, Männchen hellblau mit hufeisenförmiger Zeichnung, Weibchen grünlich

▲ Kleine Mosaikjungfer

Flügelspannweite: 70 — 80 mm
Kennzeichen: Großlibelle, Männchen blau-schwarz-grün, Weibchen schwarz-grün

◀ Wasserspinne

Größe: 0,8 — 1,5 mm
Kennzeichen: Männchen gelb, Weibchen braun; jagt Flohkrebse und Wasserasseln; lebt im Wasser, besorgt sich ihre Atemluft an der Wasseroberfläche, legt zwischen Wasserpflanzen eine luftgefüllte Wohnglocke an

▲ Gemeine Heidelibelle

Flügelspannweite: 50 — 60 mm
Kennzeichen: Großlibelle, rot; Eiablage im Flug über dem Wasser

◀ Piratenspinne

Größe: 4 — 9 mm
Kennzeichen: braun; frisst Insekten und deren Larven sowie Kaulquappen; lebt am Ufer von Teichen und Seen; flüchtet bei Gefahr auf die Wasseroberfläche, gute Taucherin; Weibchen trägt Eikokon festgesponnen mit sich herum

Tiere an der Wasseroberfläche

Stell dir vor, es gibt Tiere, die übers Wasser laufen können, ohne unterzugehen! Zu ihnen gehören der Wasserläufer, die Jagd- und die Piratenspinne. Sie sind so leicht, dass sie von der Oberflächenspannung des Wassers getragen werden. Außerdem befinden sich an ihren Füßen Wasser abweisende Härchen. Sieh genau hin: Dort, wo die Füße das Wasser berühren, entsteht eine kleine Delle. So lauern die Tiere darauf, dass Insekten ins Wasser fallen, die sie blitzschnell fangen.

▲ Gerandete Jagdspinne

Größe: 15 — 22 mm
Kennzeichen: braun mit weißen Längsstreifen; lebt am Ufer von Teichen und Seen; sonnt sich gern mit ausgestreckten Beinen auf niedrigen Blättern, kann hervorragend tauchen

▲ Kolbenwasserkäfer

Größe: 32 — 43 mm
Kennzeichen: schwarz mit braunem Schimmer; frisst Algen und Wasserpflanzen; bewohnt Teiche und Seen mit viel Pflanzenwuchs; sehr guter Schwimmer unter Wasser, kommt zum Atmen an die Wasseroberfläche

▲ Wasserläufer

Größe: 10 — 17 mm
Kennzeichen: braun bis schwarz; lebt in Ufernähe; frisst tote, auf der Wasseroberfläche treibende Insekten; breitet seine Beine gespreizt auf dem Wasser aus, läuft wie ein Schlittschuhläufer über die Wasseroberfläche

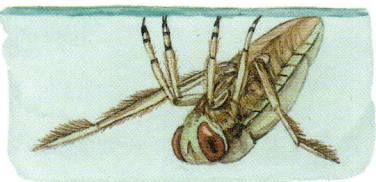

▲ Rückenschwimmer

Größe: 15 — 16 mm
Kennzeichen: Oberseite wie ein Boot geformt; frisst Insekten, Kaulquappen und kleine Fische; schwimmt auf dem Rücken, ruht hängend unter der Wasseroberfläche, kann schmerzhaft stechen („Wasserbiene")

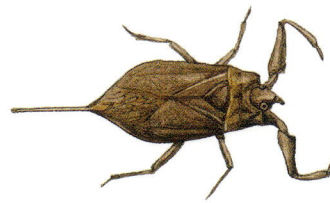

▲ Wasserskorpion

Größe: 17 — 25 mm
Kennzeichen: brauner, flacher Körper, kräftige Fangbeine, 10 mm langes Atemrohr am hinteren Körperende; frisst Insektenlarven, Kaulquappen und kleine Fische; lauert im Schlamm oder auf Wasserpflanzen auf Nahrung

▲ Schwimmwanze

Größe: 12 — 15 mm
Kennzeichen: runder, flacher Körper, gelbbraun bis olivgrün gefärbt, kurze, klappmesserähnliche Fangbeine; frisst Insekten und deren Larven, Wasserflöhe und Schnecken; guter Schwimmer, flugunfähig; kann schmerzhaft stechen

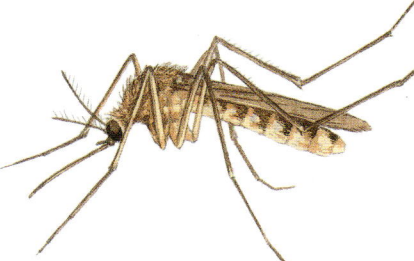

▲ Stechmücke

Größe: 3 — 7 mm
Kennzeichen: schlanker Körper, dunkelbraun und weiß gestreift; Männchen fliegt oft in großen Schwärmen über dem Wasser, Weibchen saugt Blut und legt ihre Eierpäckchen („Mückenschiffchen") auf der Wasseroberfläche ab

Lebensraum Meer und Küste

Wo das Meer an das Land grenzt, ist die Luft ganz feucht und schmeckt ein bisschen salzig. Die Wellen rauschen, Möwen kreischen, der Wind weht und es riecht nach Tang und Algen. Küsten sehen jedoch nicht überall gleich aus und das Meer verändert sie ständig. An Strand und Küste kannst du das ganze Jahr über viel entdecken. Denn hier leben viele verschiedene Pflanzen und Tiere.

Was sind Küsten?

Unsere Küsten sehen nicht überall gleich aus. Es gibt Sandstrände und Dünen, Felsküsten und schlammige Wattflächen.

Die steilen Kreidefelsen auf der Insel Rügen in der Ostsee wurden zum Naturschutzgebiet erklärt.

Was ist das Besondere an Felsküsten?

An der Felsküste ist es richtig laut, wenn die Wellen an steile Hänge aus Gestein prallen. Das Wasser hat viel Kraft und unterhöhlt sie. Oft lösen sich Brocken ab. Das Meer schwemmt sie weg und lagert sie woanders wieder ab. Manchmal spalten sich sogar Blöcke ab und es entstehen Klippen und Grotten. An steilen Felsküsten, wie etwa auf Helgoland, brüten viele Seevögel. Schnecken, Muscheln und Seepocken halten sich an den Steinen mit Haftscheiben, klebrigen Fäden und anderen Haftorganen fest. In den Ritzen und Spalten der Felsen unter Wasser verstecken sich viele Fische, Krabben und Krebse. Wenn bei Ebbe das Wasser zurückgeht, werden sie manchmal in kleinen Tümpeln gefangen.

Wie entsteht ein Sandstrand mit Dünen?

Der Sandstrand verändert sich ständig. An der einen Stelle wird immer wieder neuer Sand herangetragen, an anderen Stellen wird er immer mehr weggespült. Doch nicht nur das Wasser hält den Sand ständig in Bewegung, sondern auch der Wind, der ihn an Land weht. Dort setzt sich der Sand ab und bildet mit der Zeit riesige Sandberge, die Dünen. Sie schützen bei Sturmflut vor Überschwemmungen.

Welche Tiere leben am Strand?

Tiere und Pflanzen, die am Strand siedeln, haben sich auf ein Leben im lockeren Sand eingestellt. Auch dem Wind, dem Wechsel von Ebbe und Flut und dem Salz, das für die meisten Lebewesen schädlich ist, müssen sie trotzen können. Hier leben viele krabbelnde und fliegende Tiere wie Insekten, Spinnen und Schnecken. Große Landtiere lassen sich nicht oft blicken, doch wenn du genau hinschaust, wirst du ihre Spuren entdecken.

Möwen sind ausgezeichnete Flieger und können im Flug anderen Vögeln sogar die Beute abjagen.

Seehunde leben vor allem an der Nordsee. Sie sind sehr scheu. Wenn sie gestört werden, flüchten sie ins Wasser.

Tipps für Meeres- und Küstenforscher

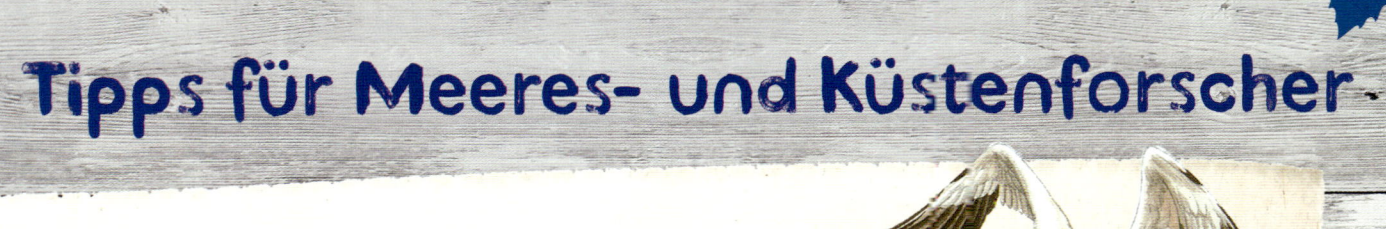

Meeres- und Küstenforscherregeln

- Bleib am Strand immer in Sichtweite deiner erwachsenen Begleiter!
- Hinterlass keinen Müll am Strand!
- Hüte dich vor den Strömungen in Prielen!
- Wandere nur mit erfahrenen Führern im Watt!
- Vorsicht, lass dich nicht von der Flut überraschen!
- Wenn Gewitter oder Nebel aufziehen, solltest du sofort den Strand verlassen!
- Zerstöre die Strandpflanzen nicht mutwillig!
- Lass die Tiere in ihrem Lebensraum und störe sie nicht unnötig! Wenn du ein Wassertier in deinem Wassereimer beobachtest, lass es bald wieder frei!

Muschelkette

Suche am Strand nach leeren Schneckenhäusern und schönen Muschelschalen. Mit einem feinen Handbohrer kannst du vorsichtig Löcher in die gesammelten Fundstücke bohren. Lass dir dabei von einem Erwachsenen helfen, damit du dich nicht verletzt. Dann fädelst du die Schalenstücke auf ein Lederbändchen und verknotest es zu einer Kette. Besonders hübsch sieht es aus, wenn du die Muschelschalen nach Größe und Farbe sortierst.

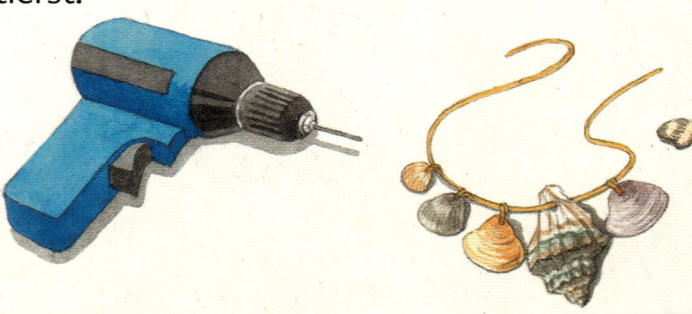

Strandkrabbe heben

Einer Strandkrabbe macht es nichts aus,
wenn sie kurze Zeit im Trockenen ist. Mit
deinem Kescher kannst du sie gut aus dem
Wasser nehmen. Wenn du dir die Form des
Hinterleibes genau anschaust, erkennst
du, ob es ein Männchen oder ein Weibchen ist: Bei Männchen läuft er spitz zu,
bei Weibchen rundlich. Vorsicht: Lass dich
nicht kneifen!

Erinnerungsstücke

Bestimmt findest du auf deinen
Streifzügen an der Küste viele tollen
Sachen, zum Beispiel Federn, Muschel-
schalen, Schneckenhäuser, Schulpe,
Nixentäschchen, Steine oder Stöcke.
Mach sie vorsichtig sauber, lass sie gut
trocknen und klebe oder binde sie
auf farbige Kartons.

Angespülte Quallen

Lebt die angespülte Qualle noch? Bewegt
sie sich, wenn du einen Eimer mit Wasser
über sie auskippst? Vorsicht: Einige Quallen
können bei Berührung zu schweren Ver-
brennungen führen! Deshalb solltest du die
Qualle auf keinen Fall anfassen, sondern sie
dir nur mit viel Abstand ansehen.

Seehunde und Wale

An unseren Küsten leben zwei Robbenarten: der Seehund und die Kegelrobbe. Beide sind flinke Unterwasserjäger, die mit bis zu 35 Kilometern pro Stunde Fischen und anderen Beutetieren hinterherjagen. An Land wirken die Tiere recht unbeholfen. In der Nähe von Meeresbuchten leben Schweinswale. Sie gehören zu den kleinsten Walarten und sind mit den Delfinen verwandt.

◄ Seehund

Größe: Männchen bis zu 2 m
Weibchen bis zu 1,7 m
Kennzeichen: spindelförmiger Körper mit Schwimmbeinen, graues Fell, große Augen, Bart um die Nase; jagt vor allem Fische, frisst aber auch Muscheln und Krabben; lebt die meiste Zeit im offenen Meer; ruht sich auf den Sandbänken im Wattenmeer aus; kann bis zu 20 Minuten lang und bis 150 m tief tauchen

Kleine Heuler

ACH SO!

Im Juni bringen Seehunde auf den flachen Sandbänken im Wattenmeer ihre Jungen zur Welt. Sie werden mit der fettreichen Muttermilch gesäugt und wiegen schon nach einem Monat dreimal so viel wie bei der Geburt. Jungtiere, die ihre Mutter verloren haben, nennt man Heuler. Sie heulen, weil sie hungrig sind. Doch nicht jedes Jungtier am Strand ist ein Heuler. Seehundmütter lassen ihre Jungen oft lange allein, kommen aber immer wieder zurück, um sie zu stillen. Ganz wichtig: Halte Abstand und fasse die Jungen nicht an! Hast du am Strand einen verlassenen Heuler entdeckt? Dann informiere umgehend eine Seehundaufzuchtstation!

► Kegelrobbe

Größe: Männchen bis zu 2,3 m, Weibchen bis zu 2 m
Kennzeichen: massiger, spindelförmiger Körper mit
unregelmäßigen Flecken, kegelförmiger Kopf (Name!);
Jungtiere mit weißem Flauschfell; jagt vor allem Fische,
frisst aber auch Muscheln und Krabben; lebt die meiste
Zeit in küstennahen Gewässern, besonders oft an
Felsküsten; weil die Jungtiere wegen ihres Fells gejagt
wurden, war die Kegelrobbe bei uns fast ausgestorben

▲ Schweinswal

Größe: bis zu 1,8 m
Kennzeichen: kräftiger Körper mit dunklem Rücken und
hellem Bauch; frisst vor allem
Fische, aber auch Schnecken,
Krebstiere und Tintenfische;
lebt in ruhigen Küstenberei-
chen von Nord- und Ostsee;
Geräusch beim Ausatmen
klingt wie ein Schnäuzen
oder Schnaufen

Wale in Nord- und Ostsee

Ein großes Säugetier unserer Meere ist der Schweinswal. Meist
bekommst du nur seine Rückenflosse zu sehen, wenn das Tier zum
Atmen kurz an die Oberfläche kommt. Gewöhnlich geschieht das
etwa viermal pro Minute. Schweinswale können bis zu 80 Meter
tief tauchen und bis zu sechs Minuten unter Wasser bleiben. Zur
Orientierung und bei der Jagd nutzen sie kurz Klicke-Laute. An den
zurückkehrenden Schallwellen erkennen sie Hindernisse und Beute.
Aus dem Wasser springen Schweinswale fast nie.

Vögel auf See und an der Küste

Vögel sind die auffälligsten Bewohner unserer Küsten. Du kannst sie überall beobachten, denn sie leben am Strand, auf den Wattflächen, an den felsigen Küsten und sogar in den Orten und Häfen am Meer. Im Frühjahr und Herbst rasten besonders viele Vögel an den Stränden. Es sind Zugvögel, die im Frühjahr zum Brüten in den Norden und im Herbst zum Überwintern in den Süden fliegen. Im flachen Wasser und in den weichen Wattböden finden sie für ihre Reise jede Menge stärkendes Futter.

▲ Silbermöwe

Größe: 55 — 67 cm
Flügelspannweite: 125 — 155 cm
Kennzeichen: Rücken und Flügel silbergrau, Schnabel gelb mit rotem Punkt, fleischfarbene Beine; frisst Fische, Krebse, Muscheln, Würmer, Jungvögel, Eier, Abfälle und Aas; unsere häufigste Großmöwe

▲ Heringsmöwe

Größe 49 — 57 cm
Flügelspannweite: 135 — 155 cm
Kennzeichen: Rücken und Flügel schwarzgrau, Schnabel gelb mit rotem Punkt, Beine gelb; frisst Fische, Krabben, Nestlinge, Aas und Abfälle; jagt ihre Beute im Sturzflug; brütet oft gemeinsam mit Silbermöwen

▲ Lachmöwe

Größe: 35 — 39 cm
Flügelspannweite: 86 — 99 cm
Kennzeichen: Rücken und Flügel grau, Schnabel und Beine rot; stochert mit ihrem Schnabel im seichten Wasser oder im schlammigen Boden nach Regenwürmern und Krebstieren; kleinste heimische Möwe

▲ Dreizehenmöwe

Größe: 37 — 42 cm
Flügelspannweite: 93 — 105 cm
Kennzeichen: ganz schwarze Flügelspitzen, kurze, graue bis schwarze Beine, gelber Schnabel; frisst Fische, Weich- und Krebstiere; verbringt den größten Teil des Jahres auf dem offenen Meer, brütet an Steilküsten

▲ Rotschenkel

Größe: 24 — 27 cm
Flügelspannweite: 47 — 53 cm
Kennzeichen: grau-braun gefleckte Oberseite, weiße Unterseite, schwarz-roter Schnabel, rote Beine; frisst Würmer, Schnecken, Muscheln, Krebse und kleine Fische; lenkt Feinde mit lautem Geschrei vom Nest ab

► Säbelschnäbler

Größe: 43 — 45 cm, Flügelspannweite: 76 — 82 cm
Kennzeichen: schwarz-weißes Gefieder, lange Beine, schwarzer, nach oben gebogener Schnabel; frisst Würmer, Schnecken und Krebse; baut sein Nest in Grasbüschel am Strand; ist nur von Frühjahr bis Herbst bei uns

Schnabelformen

Die Schnabelform ist bei den einzelnen Tieren der Küsten sehr unterschiedlich an die Nahrung und Umgebung angepasst. Der Säbelschnäbler sucht im flachen Wasser nach kleinen Krebsen und Würmern. Dabei pendelt er seinen Kopf mit dem eingetauchten, säbelförmigen Schnabel seitlich hin und her.

▲ Trottellumme

Größe: 38 — 46 cm
Flügelspannweite: 61 — 73 cm
Kennzeichen: schwarzes Gefieder mit weißem Bauch, Füße mit Schwimmhäuten; frisst Fische und Krebse; kommt nur zum Brüten an Land, Küken springen vom Felsen ins Meer (= Lummensprung); werden auch „Pinguine des Nordens" genannt

◄ Sanderling

Größe: 20 — 22 cm
Flügelspannweite: 40 — 45 cm
Kennzeichen: Oberseite grau, Unterseite weiß; stochert im feuchten Sand nach Würmern und Krebsen; im Winter in kleinen Trupps an der Wasserkante

▲ Austernfischer

Größe: 40 — 45 cm
Flügelspannweite: 72 — 83 cm
Kennzeichen: schwarz-weißes Gefieder, rote Beine, roter Schnabel; stochert im weichen Wattboden nach Muscheln, Krebsen, Wattwürmern und Schnecken; bleibt das ganz Jahr über bei uns

▲ Brandgans

Größe: 58 — 67 cm
Flügelspannweite: 110 — 133 cm
Kennzeichen: grün-weiß-braunes Gefieder, roter Schnabel; frisst Schnecken, Muscheln, Ringelwürmer und kleine Krebse; brütet in Höhlen, bleibt das ganze Jahr über bei uns

▲ Küstenseeschwalbe

Größe: 33 — 36 cm
Flügelspannweite: 76 — 85 cm
Kennzeichen: weiß-grau mit schwarzer Kopfkappe, roter Schnabel, gegabelter Schwanz; frisst Fische und Krebstiere; bei uns nur im Sommer; Zugvogel mit der längsten Zugstrecke

Schnecken, Muscheln und Würmer

Meeresschnecken atmen durch Kiemen und filtern Schwebeteilchen und Plankton aus dem Wasser. Ihr weicher Körper wird durch ein einteiliges Gehäuse geschützt. Zwei harte Schalenhälften schützen den weichen Körper der Muschel. Mit einem Muskel können sie die Schalenhälften fest verschließen. Viele Muscheln leben eingegraben im Schlickboden. Auch Würmer leben dauerhaft im weichen Boden. Bei Ebbe kannst du ihre Spuren entdecken.

▲ Strandschnecke

Größe: 1 — 2 cm
Kennzeichen: kann ihr Gehäuse mit einem Deckel verschließen und einige Zeit auf dem Trockenen überleben; braucht festen Untergrund, um nicht weggeschwemmt zu werden; frisst Algen

▲ Wellhornschnecke

Größe: 6 — 11 cm
Kennzeichen: braunes Schneckengehäuse; lebt in tieferen Wattströmen; eine der größten Meeresschnecken unserer Küsten; leeres Gehäuse wird gern von Einsiedlerkrebsen bewohnt

▲ Rote Bohne

Größe: 2 — 3 cm
Kennzeichen: Schaleninnenseite meist rötlich gefärbt; oft waagerecht eingegraben in 5 bis 10 cm Bodentiefe; stellt bei Temperaturen über 15 °C das Wachstum ein

▲ Wattschnecke

Größe: 3 — 6 mm
Kennzeichen: lebt im wässrigen Schlickwatt; heftet sich bei Flut mit einem Schleimfaden an die Wasseroberfläche, um sich von der Strömung mittreiben zu lassen, gräbt sich bei Ebbe in den Schlick ein; auf einem Quadratmeter können bis zu 50 000 Wattschnecken leben

▲ Pantoffelschnecke

Größe: 3 — 5 cm
Kennzeichen: Schale erinnert an die Form eines Pantoffels; saugt sich mit dem kräftigen Fuß am Untergrund sowie an Artgenossen fest und bildet Türme von mehreren aufeinandersitzenden Tieren; zu Beginn ihres Lebens männlich, später weiblich

▲ Napfschnecke

Größe: 1,5 — 6 cm
Kennzeichen: grünliches oder braunes, hütchenförmiges Gehäuse; geht bei Flut auf Nahrungssuche und raspelt Algen von Felsen ab; kehrt bei Ebbe an ihren Platz zurück; wegen ihres muskulösen Fußes kaum von ihrem Standort zu lösen

▲ Herzmuschel

Größe: 4 — 10 cm
Kennzeichen: Schalenhälften
sehen von der Seite betrachtet
wie ein Herz aus; lebt eingegraben im Watt oder Sandboden;
kann mit ihrem Fuß springen und
Purzelbäume schlagen; häufigste
Muschelart im Watt

▲ Amerikanische Schwertmuschel

Größe: 10 — 17 cm
Kennzeichen: schwertförmige, leicht gebogene Schalenhälften; wurde aus Nord-
amerika bei uns eingeschleppt; gräbt sich
mit ihrem muskulösen Grabfuß senkrecht
in den weichen Sand- und Schlammboden
ein; kann schnell schwimmen

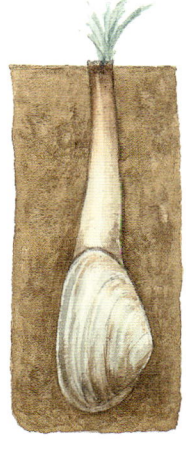

▲ Sandklaff- muschel

Größe: 10 — 15 cm
Kennzeichen: lebt in etwa 30
cm Tiefe eingegraben im Sand
oder Schlick, wird sie freigespült,
muss sie sterben; zieht bei Gefahr
Rüssel zurück, wobei eine kleine
Wasserfontäne aus den Atemlö-
chern spritzt; größte Muschelart
an unseren Küsten

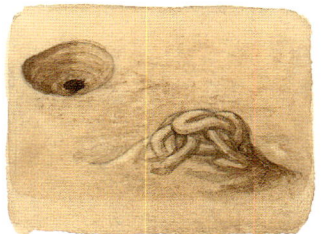

▲ Wattwurm

Größe: 25 — 40 cm
Kennzeichen: regenwurmähnli-
cher, roter, brauner oder schwarzer Körper, vorn dick, hinten dünn;
frisst Schlick und Sand, die er als
lange Kotkringel wieder aus-
scheidet; lebt in einer rund 20 cm
tiefen, u-förmigen Röhre

▲ Kotpillenwurm

Größe: 5 — 10 cm
Kennzeichen: frisst Sand und scheidet
alles Unverdauliche als schwarze Kot-
pillen aus; lebt in einem 15 cm tiefen,
mit Schleim ausgekleideten, verzweigten Gangsystem; weil er sich auf das
Dreifache seiner Größe dehnen kann,
auch „Gummiwurm" genannt

▶ Miesmuschel

Größe: 5 — 7 cm
Kennzeichen: zwei schwarze
Schalenhälften, innen weiß
und perlmuttähnlich glänzend;
bildet große Muschelbänke;
die bekannteste unter den rund
80 heimischen Muschelarten

ACH SO!

Muschelbänke

Die meisten Muscheln leben im weichen Boden. Einige Arten
halten sich am Untergrund oder an ihren Nachbarn fest, damit
sie von den Wellen nicht hin- und hergeworfen werden. Auf
einer Muschelbank leben viele Muscheln einer Art zusammen.
Miesmuscheln etwa siedeln sich in Klumpen an Steinen und
Pfählen an. Sie heften sich dort mit Fäden fest. So können Muschelbänke mit Millionen von Tieren entstehen.

Krebse und Stachelhäuter

Im Spülsaum findest du immer wieder Überreste von Krabben und Krebsen. Sie leben im Wasser zwischen Steinen, Muscheln und Seegraswiesen oder im Schlickwatt und den Prielrändern. Einige sind so groß wie der Taschenkrebs oder die Strandkrabbe, andere klein wie der Strandfloh, der Schlickkrebs oder die Nordseegarnele. Und wieder andere sind klein und sesshaft wie die Seepocke.

▲ **Strandkrabbe**

Größe: 6 — 8 cm (Panzer)
Kennzeichen: fünfeckiger, brauner bis grüner Panzer, 1 Paar Kneifscheren, 4 Paar Laufbeine; erbeutet nachts und bei Flut Muscheln, Schnecken, kleine Krebse und Würmer; überall an unseren Küsten häufig; flieht bei Gefahr in enge Ritzen, unter Algen oder gräbt sich im weichen Sandboden ein

▲ **Seepocke**

Größe: 0,5 — 3 cm
Kennzeichen: Körper von 6 weißen Kalkplatten und 2 Verschlussplatten umgeben; filtert bei Flut Plankton und kleine Schwebeteilchen aus dem Wasser; verschließt ihr Gehäuse bei Ebbe mithilfe ihrer Platten; kommt häufig und überall an unseren Küsten vor

▲ **Taschenkrebs**

Größe: 20 — 30 cm (Panzer)
Kennzeichen: gelb- bis rotbrauner, ovaler Panzer, 1 Paar kräftige Scheren mit schwarzen Spitzen, 4 Paar Laufbeine; frisst Muscheln, Fische, Stachelhäuter und andere Krebse; kann nicht schwimmen, aber im Wasser in alle Richtungen schreiten

ACH SO!

Gefräßige Räuber

Krabben sind erbarmungslose, kräftige Räuber. Mit ihren Kneifscheren greifen sie ihre Beute und knacken die Schalen. Sie fressen Fische, Muscheln, Schnecken und frisch gehäutete Artgenossen. Ein besonders machtvoller Jäger ist der Taschenkrebs. Mit seinen kräftigen Scheren könnte er problemlos einen fingerdicken Ast durchknipsen.

Strandflöhe

Im Spülsaum findest du häufig kleine Wesen, die wie Flöhe herumspringen. Die kleinen Hüpferlinge sind jedoch keine Flöhe, sondern kleine Flohkrebse, die erstaunlich weit springen und sich schnell im feuchten Sand einbuddeln können. Wenn du angeschwemmtes Holz oder Meerespflanzen untersuchst, wirst du die Tierchen bestimmt aufstöbern.

ACH SO!

▲ Einsiedlerkrebs

Größe: 8 – 10 cm
Kennzeichen: aus der Schneckenschale schauen 2 Antennenpaare, 1 Paar ungleichgroße Scheren und 2 Paar kräftige Laufbeine heraus; frisst tote Tiere, kleine Muscheln, Würmer und Schnecken; lebt stets in einem Schneckengehäuse, wenn er wächst, muss er in ein größeres Schneckenhaus umziehen

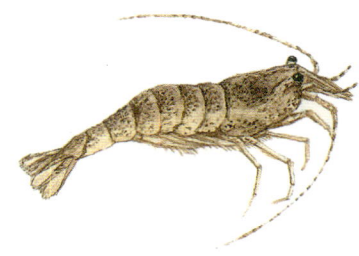

◀ Nordseegarnele

Größe: 7 – 9,5 cm
Kennzeichen: durchsichtig bis sandfarben, kleine Scheren, lange Fühler; frisst Algen, winzige Krebstiere und Würmer; sammelt sich in Prielen und gräbt sich dort im Sand ein; flüchtet bei Gefahr

▲ Strandfloh

Größe: 1 – 1,5 cm
Kennzeichen: weiß oder hellgrau; frisst angeschwemmte Algen; versteckt sich tagsüber im feuchten Sand oder unter Treibgut und geht nachts in Scharen auf Nahrungssuche; springt bis zu 30 cm weit

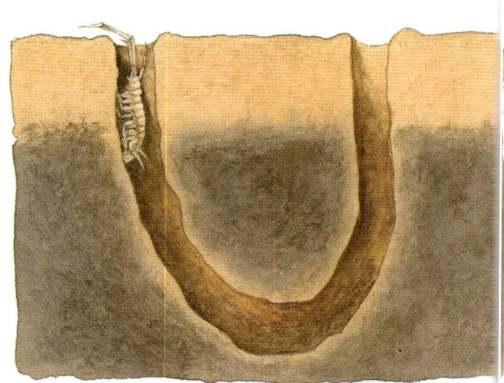

◀ Schlickkrebs

Größe: 0,5 – 1,5 cm
Kennzeichen: weißbrauner Flohkrebs mit kräftigen Antennen; frisst Plankton; wohnt in u-förmigen Gängen im Schlick; verursacht knisternde Geräusche beim Spreizen seiner Antennen; auf einem Quadratmeter leben bis zu 100 000 Tiere

▶ Gemeiner Seestern

Größe: 8 – 30 cm
Kennzeichen: gelb bis braunviolett, 5 kräftige Arme, Oberseite mit Stacheln bedeckt, Unterseite mit kleinen Saugfüßchen; an den Spitzen jedes Arms sitzt ein roter Augenfleck, mit dem das Tier Hell und Dunkel unterscheiden kann; frisst überwiegend Muscheln; abgerissene Arme wachsen wieder nach

▲ Strandseeigel

Größe: 3 – 5 cm
Kennzeichen: rundes, kuppelförmiges Gehäuse mit langen Stacheln; lebt in bis zu 100 m Tiefe; frisst Meeresalgen, Muscheln, Seepocken und andere festsitzende Tiere; läuft langsam mithilfe seiner Stacheln und kleinen Saugfüßchen über den Meeresboden

Quallen, Knorpel- und Tintenfische

Quallen gleiten im Wasser wunderschön dahin. Werden sie an Land gespült und gelangen nicht wieder zurück ins Meer, vertrocknen und sterben sie. In Küstennähe leben gut getarnt am Meeresgrund Katzenhaie und Nagelrochen. Mit etwas Glück findest du ihre leeren Eikapseln versteckt zwischen angespülten Algen am Strand. Am Spülsaum liegen häufig Schalen aus schuppigem Kalk. Sie heißen Schulp und stammen von toten Tintenfischen.

▲ Ohrenqualle

Größe: 20 — 40 cm
Kennzeichen: flach gewölbter, fast durchsichtiger Schirm mit 4 ohrenförmigen, weißlich bis rotvioletten Geschlechtsorganen, 4 kurze Mundarme; häufigste Qualle in Nord- und Ostsee

▲ Wurzelmundqualle

Größe: 50 — 90 cm
Kennzeichen: weißlicher, glockenförmiger Schirm mit blauen bis violetten Randlappen, 8 Tentaktel mit gekräuselten Fangbändern; im Sommer häufig in der Nordsee anzutreffen; kann sehr schnell schwimmen

▲ Kompassqualle

Größe: 25 — 35 cm
Kennzeichen: weißlicher oder brauner Schirm mit braunen, v-förmigen Streifen, die an eine Kompassrose erinnern, kurze kräftige Tentakel; oft in Schwärmen in der Nordsee anzutreffen; schwach giftig

▲ Blaue Nesselqualle

Größe: 6 — 20 cm
Kennzeichen: gewölbter, blau oder violett schimmernder Schirm mit Warzen, bis zu 1 m lange Tentakel mit Nesselzellen; lebt in Nord- und Ostsee; Nesselgift nicht so stark wie das der Gelben Haarqualle

▲ Seestachelbeeren

Größe: 1 — 3 cm
Kennzeichen: durchsichtige, kugelförmige Rippenqualle mit acht Längsrippen, 2 bis zu 75 cm lange Fangtentakel; tritt vor allem im Frühsommer in der Nordsee auf; ungefährlich

Glibbertiere

Quallen haben einen fast durchsichtigen Körper, der zum größten Teil aus Wasser besteht und wie eine Glocke oder ein Schirm geformt ist. Sie bewegen sich im Wasser vorwärts, indem sie ihren Schirm regelmäßig zusammenziehen. Meist treiben sie aber mit der Strömung frei im Wasser. Ihre Beute fangen sie mithilfe von Klebzellen oder giftigen Nesselzellen an ihren Tentakeln. Wenn du beim Baden zum Beispiel die Tentakel einer Feuer-, Nessel- oder Kompassqualle berührst, kann das auf deiner Haut heftig brennen.

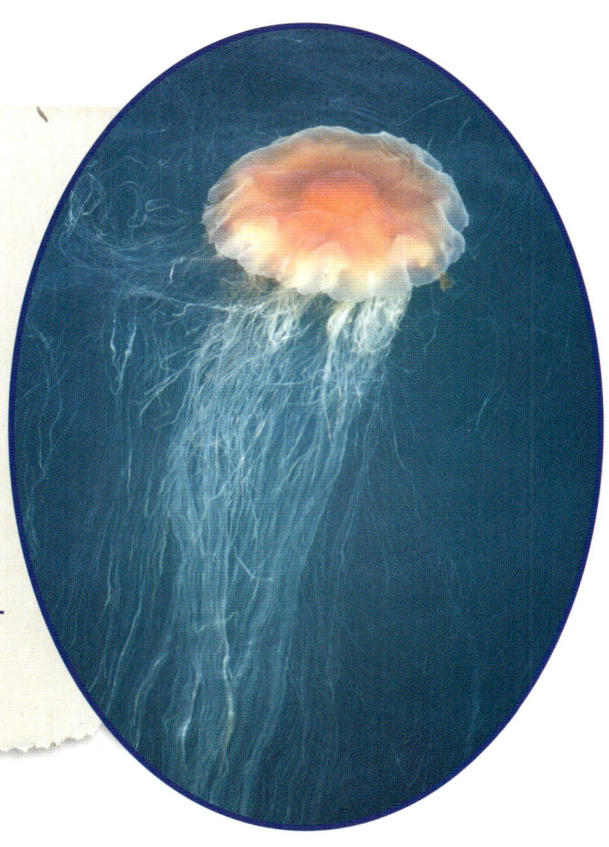

GIFTIG!

▲ Gelbe Haarqualle

Größe: 35 — 100 cm
Kennzeichen: flacher, gelb oder rot schimmernder Schirm, bis zu 30 m lange Tentakeln mit vielen Nesselzellen; tritt im Sommer in großen Schwärmen an Nord- und Ostsee auf; Nesselgift kann Hautrötungen und Brennen hervorrufen

leere Eikapsel

▲ Kleingefleckter Katzenhai

Größe: 60 — 100 cm
Kennzeichen: schlanker, kleiner Hai mit bräunlich gefleckter Oberseite und heller Unterseite, katzenartige Augen; jagt am Meeresboden Fische, Krebse, Muscheln und Schnecken; legt Eier; lebt in der Nordsee; für den Menschen ungefährlich

Schulp   leere Eikapsel

leere Eikapsel

▲ Nagelrochen

Größe: 70 — 120 cm
Kennzeichen: dunkelgraue Oberseite mit hellen Flecken und kurzen Dornen auf dem Rücken, langer Schwanz; jagt am Meeresboden Krebse und kleine Fische; nimmt elektromagnetische Felder wahr; legt Eier; lebt in der Nordsee

▲ Gewöhnlicher Tintenfisch

Größe: 30 — 50 cm
Kennzeichen: am Kopf sitzen acht kürzere Arme sowie zwei Fangarme mit Saugnäpfen, horniger Schnabel; frisst Muscheln, Schnecken, Krebse und kleine Fische; lebt in Bodennähe; schwimmt mithilfe seine Flossensaums; gräbt sich bei Gefahr schnell ein oder ändert seine Farbe passend zur Umgebung; lebt in der Nordsee

Knochenfische

In Nord- und Ostsee gibt es das ganze Jahr über Fische. Manche leben als Einzelgänger am Meeresboden, andere in Schwärmen dicht unter der Wasseroberfläche. Die meisten von ihnen ernähren sich von Krebstieren, Würmern und kleinen Fischen.

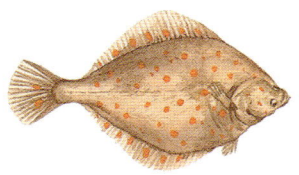

▲ Scholle

Größe: 40 — 70 cm
Kennzeichen: platter Körper, grau-braune Oberseite mit rötlichen oder gelben Flecken, beide Augen auf einer Körperseite; kann sich farblich der Umgebung anpassen; gräbt sich in den Sandboden ein; lebt in Schwärmen am Grund von Nord- und Ostsee

▲ Flunder

Größe: 25 — 50 cm
Kennzeichen: platter Körper, grünliche bis braune Oberseite mit dunklen Flecken, beide Augen auf einer Körperseite; kann ihre Hautfarbe der Umgebung anpassen; gräbt sich tagsüber im Sandboden ein; lebt küstennah in Nord- und Ostsee

▲ Hering

Größe: 30 — 45 cm
Kennzeichen: schlanker, seitlich abgeflachter silberner Körper; lebt in großen Schwärmen in Nord- und Ostsee; wegen seines Glanzes auch „Silber des Meeres" genannt

▲ Makrele

Größe: 35 — 60 cm
Kennzeichen: schlanker Körper mit grünem Rücken und silbernen Flanken; schwimmt in großen Schwärmen dicht unter der Wasseroberfläche; kann wegen ihrer fehlenden Schwimmblase schnell die Wassertiefe wechseln

▲ Kabeljau

Größe: 60 — 90 cm
Kennzeichen: langgestreckter, fast runder Körper, grünlich, bräunlich oder hellgrau marmoriert, dicker Bartfaden am Unterkiefer zum Aufspüren von Krebsen und Würmern; lebt in Bodennähe in Nord- und Ostsee

▲ Hornhecht

Größe: 45 — 70 cm
Kennzeichen: schlanker Körper, hornartiger Schnabel, Skelett und Gräten grün; schwimmt oft in Schwärmen dicht unter der Wasseroberfläche; springt auf der Flucht weit aus dem Wasser; lebt in Nord- und Ostsee

▲ Kleiner Sandaal

Größe: 10 — 20 cm
Kennzeichen: schlanker, langge-
streckter Körper mit bläulich-grüner
Oberseite und silbernen Flanken;
lebt in großen Schwärmen in
Nord- und Ostsee; vergräbt sich bei
Gefahr im Sand

▲ Strandgrundel

Größe: 6 — 9 cm
Kennzeichen: grauer bis brauner
Körper mit dunklen Flecken; kann
sich mit einer Saugscheibe am Grund
anheften; lebt küstennah in Schwärmen am Meeresboden von Nord-
und Ostsee

▲ Aalmutter

Größe: 30 — 60 cm
Kennzeichen: langgesteckter, spitz
zulaufender Körper; bringt lebende
Junge zur Welt, die wie kleine Aale
aussehen; Skelett und Gräten grün;
lebt versteckt in ruhigen Gebieten
von Nord- und Ostsee

▲ Seeskorpion

Größe: 20 — 30 cm
Kennzeichen: grünlich-brauner
bis grauer Raubfisch mit kräftigen
Stacheln, bulliger Kopf mit großem
Maul, große Brustflossen; lebt versteckt zwischen Steinen und Algen
am Grund von Nord-
und Ostsee

ACH SO!

Vorsicht, Giftstacheln!

Im Flachwasser der Nordsee lebt das Petermännchen, das
seine Färbung der Umgebung anpassen kann. In seiner
Rückenflosse befinden sich große Stachelstrahlen mit Gift-
drüsen. Auch ihre Kiemendeckel haben jeweils einen großen
Giftstachel. Tagsüber graben sich die Tiere in den sandigen
Wattboden ein, sodass nur noch ihre Augen sichtbar sind.
Wenn du barfuß auf sie trittst, kann das Gift in deinen Kör-
per gelangen und schmerzhafte Verletzungen hervorrufen.

GIFTIG!

◄ Petermännchen

Größe: 20 — 50 cm
Kennzeichen: langgestreckter, dunkelgrüner Körper, hellblaue Flanken,
Rückenflosse und Kiemendeckel mit
großen, kräftigen Giftstacheln; lebt im
flachen Wasser der Nordsee

Glossar

Aas: Tote Tiere, die langsam von Bakterien zersetzt werden. Das Fleisch stinkt und ist giftig. Nur Aasfresser vertragen es.

Allesfresser: Tiere, die sich sowohl von Pflanzen als auch von Fleisch ernähren. Wildschwein und Dachs zählen zu den Allesfressern.

Amphibien: Dazu gehören Salamander, Molche, Frösche, Kröten und Unken. Die meisten Amphibien leben an Land, brauchen jedoch Wasser, um ihre Eier abzulegen.

Artenschutz: Alle Pflanzen und Tiere, die aufgrund ihrer Seltenheit oder ihrer besonderen Schönheit geschützt und vor dem Aussterben bewahrt werden sollen, stehen unter Artenschutz.

Ausrottung: Wenn der Mensch bewirkt, dass eine Tier- oder Pflanzenart ausstirbt, zum Beispiel durch die Jagd oder die Zerstörung des Lebensraums, gilt die Art als ausgerottet, wie zum Beispiel die Wandertaube oder der Europäische Nerz.

Balz: Verhalten von Tieren, das vor der Paarung stattfindet, um den Partner zu „bezirzen". Bekannt sind zum Beispiel das Radschlagen des Pfaus oder der Balztanz des Kranichs.

Beutetier: Ein Tier, das von einem Fleischfresser gefangen und gefressen wird. Dazu gehören fast alle Pflanzenfresser, aber auch junge, alte und verletzte Fleischfresser.

Brunft: In der Jägersprache, die Paarungszeit von Hirschen und Rehen.

Brutpflege: Wenn sich Eltern um ihren Nachwuchs kümmern, bis er selbstständig ist, spricht man von Brutpflege. Dazu zählen das Ausbrüten und Bewachen der Eier genauso wie das Füttern der Jungen.

Chitin: Ein biologischer Stoff, aus dem feste Strukturen entstehen. So sind zum Beispiel die Außenskelette von Insekten und Spinnen aus Chitin oder die Zellwände von Pilzen.

Daune: Eine Feder mit kurzem Federkiel und vielen feinen Federästchen. Daunen liegen unter den „großen" Federn (Deckfedern) und schützen den Körper vor Kälte und Hitze.

Deckflügel: Die dicken und harten Flügel der Insekten. Sie schützen die feinen Hinterflügel und meist auch den Hinterleib.

Drüse: Ein Organ, das eine bestimmte Substanz herstellt und sie nach außen (etwa über die Haut) oder nach innen (zum Beispiel ins Blut) abgibt. Schweißdrüsen beispielsweise regulieren die Körpertemperatur, die Bürzeldrüse der Vögel fettet die Federn.

Evolution: Die allmähliche Veränderung der vererbbaren Merkmale bei Tier- und Pflanzenarten.

Fleischfresser: Tiere und Pflanzen, die sich vorwiegend von tierischer Nahrung ernähren, etwa Hunde, Katzen und Spinnen oder bei Pflanzen die Venusfliegenfalle und der Sonnentau.

Fossilien: Fossilien sind Reste und Spuren von Lebewesen, die vor mindestens 10 000 Jahren gelebt haben. Das können Versteinerungen, Fußabdrücke oder Funde in arktischen Eisböden sein.

Fühler: Längliche Auswüchse am Kopf von Insekten und Krebsen. Sie enthalten wichtige Sinnesorgane, mit denen die Tiere je nach Art tasten, fühlen oder riechen können.

Generation: Eine Gruppe von Lebewesen, die ungefähr den gleichen Altersabstand zu ihren Eltern hat. So sind Kinder, Eltern und Großeltern jeweils eine eigene Generation.

Geschlechtsreife: Wird ein Lebewesen erwachsen und kann sich vermehren, also Nachwuchs bekommen, hat es die Geschlechtsreife erreicht. Menschen erreichen mit 12 bis 15 Jahren die Geschlechtsreife.

Gliederfüßer: Acht von zehn Tierarten auf der Erde sind Gliederfüßer. Sie haben einen in Kopf, Brust und Hinterleib gegliederten Körper sowie gegliederte Beine. Dazu gehören Insekten, Tausendfüßer, Spinnentiere und Krebse.

Häutung: Insekten, Spinnen, Krebse und Reptilien haben eine starre Außenhülle. Wenn sie wachsen, wird die Hülle zu klein und die Tiere müssen sie verlassen. Vorher hat sich bereits eine neue, größere Hülle gebildet.

Höhlenbrüter: Vögel, die ihr Nest in Höhlen (Astlöchern, Felsspalten oder Erdlöchern) bauen, zum Beispiel Meisen und Spechte. Die Tiere nutzen entweder bereits vorhandene Höhlen oder bauen selbst welche.

Horst: Das Nest von Greifvögeln, Störchen und Reihern. Der Horst besteht aus zusammengetragenen Ästen und Zweigen und wird auf Bäume, in Felswände oder auf Dächer gebaut.

Imponiergehabe: Ein Verhalten, mit dem ein Tier zeigen möchte, wie groß und stark es ist. So kann es Feinde vertreiben oder Weibchen auf sich aufmerksam machen.

Insekten: Die artenreichste Gruppe in der Tierwelt. Insekten haben sechs Beine und einen dreigeteilten Körper (Kopf, Brust und Hinter-

leib). Käfer, Bienen, Libellen, Heuschrecken, Ameisen und Fliegen sind Insekten.

Insektenfresser: Eine kleine Gruppe innerhalb der Säugetiere, die hauptsächlich Insekten und Würmer frisst, etwa Maulwurf, Igel und Spitzmaus.

Insektenstaat: Gemeinschaft von Insekten einer Art, die sich die Arbeit teilen (Nahrung beschaffen, Eier legen, Brut füttern, Feinde abwehren). Staaten bilden zum Beispiel Ameisen, Bienen und Wespen.

Jungfernzeugung: Die eingeschlechtliche Fortpflanzung, das heißt, aus unbefruchteten Eizellen entwickeln sich Junge. Die Jungfernzeugung kommt bei einigen Insekten-, Schnecken- und Reptilienarten vor.

Kiemen: Tiere, die im Wasser leben, zum Beispiel Fische und Krebse, atmen mit Kiemen. Das Organ filtert den lebenswichtigen Sauerstoff aus dem Wasser.

Knorpel: Ein Stützgewebe im Körper. Knorpel ist elastischer als Knochen und befindet sich oft in Gelenken. Das Skelett von Knorpelfischen

(Haien und Rochen) besteht ganz aus Knorpel.

Knospung: Die Knospung oder Sprossung ist eine Form der ungeschlechtlichen Vermehrung. Bei Pflanzen bildet sich durch einen Auswuchs eine eigenständige Pflanze. Die Knospung kommt auch bei Pilzen und einfachen Tierarten vor, zum Beispiel Korallen.

Kokon: Ein Gehäuse, das Eier oder Jungen schützen soll. Er besteht meist aus einem feinen Gespinst oder Schaum. Insekten und Spinnen bauen Kokons. Aus dem Kokon der Seidenraupe wird Seide hergestellt.

Kolonie: Eine Gruppe von Lebewesen, die dicht beieinander lebt, aber von einer anderen Gruppe derselben Art räumlich getrennt ist. So gibt es zum Beispiel Möwenkolonien auf unterschiedlichen Inseln.

Konkurrenz: Wenn Lebewesen die gleichen Dinge benötigen, die aber nur begrenzt vorkommen (zum Beispiel Nahrung oder Nistmaterial), stehen sie in Konkurrenz zueinander, was oft zu Kämpfen führt.

Kriechtiere: Ein anderes Wort für Reptilien. Zu ihnen zählen Schildkröten, Echsen, Schlangen und Krokodile.

Laich: Fische, Amphibien und Wasserschnecken legen ihre Eier im Wasser ab. Diese Eier werden als Laich bezeichnet. „Ablaichen" bedeutet „Eier ins Wasser legen".

Larve: Eine Larve ist ein Zwischenstadium in der Entwicklung vom Ei zum erwachsenen Tier. Larven sind zum Beispiel Raupen, Maden und Kaulquappen.

Metamorphose: Ein Gestaltwechsel, der sich bei der Umwandlung von der Larve zum erwachsenen Tier vollzieht. So ändert sich das Aussehen stark, wenn sich aus einer Raupe ein Schmetterling entwickelt.

Nachtaktiv: Als nachtaktiv werden Tiere bezeichnet, die tagsüber ruhen und erst in der Dunkelheit auf Nahrungssuche gehen. Zu den nachtaktiven Tieren gehören zum Beispiel Fledermäuse, Igel und Eulen.

Nagetiere: Nagetiere haben zwei vergrößerte Schneidezähne, die immer weiter

wachsen. Sie sind die größte Gruppe innerhalb der Säugetiere. Mäuse, Eichhörnchen und Meerschweinchen sind Nagetiere.

Nahrungskette: Jede Art kann als Nahrung einer anderen Art dienen, meist einer größeren und stärkeren Art. Beispiel für eine Nahrungskette: Pflanze → Insekt → Spitzmaus → Wiesel → Fuchs → Wolf.

Nektar: Eine süßliche Flüssigkeit, die aus sogenannten Honigdrüsen (Nectarien) in den Blüten gebildet wird. Insekten werden vom Nektar angelockt. Insekten sind für die Vermehrung der Pflanze sehr wichtig, weil sie die Blüte bestäuben, sodass sich Früchte und Samen entwickeln können.

Nestflüchter: Tierarten, die Junge zur Welt bringen, die schon bei der Geburt so weit entwickelt sind, dass sie das Nest gleich verlassen können. Zum Beispiel Reptilien, Hühner oder Enten sind Nestflüchter, aber auch Rehe sowie Feldhasen.

Nesthocker: Tierarten, die Junge zur Welt bringen, die noch eine Zeitlang im Nest von den Eltern versorgt werden, etwa Mäuse, Hunde oder Singvögel.

Paarhufer: Paarhufer haben eine gerade Anzahl von Zehen (zwei oder vier). Sie gehören zu den Säugetieren und sind meist Pflanzenfresser. Zu ihnen zählen Hirsche, Kühe, Ziegen, Flusspferde, Giraffen und Schweine.

Parasit: Ein Lebewesen, das ein anderes Lebewesen benutzt (zum Beispiel als Wohnung, als Nahrung oder zur Eiablage), ohne es zu töten. Flöhe und Bandwürmer zum Beispiel sind Parasiten. Die

Mistel ist ein pflanzlicher Parasit, der auf anderen Pflanzen lebt.

Pflanzenfresser: Tiere, die sich zum größten Teil von Pflanzen ernähren, etwa Kühe, Pferde, Karpfen, aber auch Maikäfer oder Gänse.

Plankton: Lebewesen im Wasser, deren Schwimmrichtung von der Strömung bestimmt wird. Das können winzige Algen, aber auch große Quallen sein.

Pollen: Ein anderer Begriff für Blütenstaub, der in den Staubbeuteln der Blüten gebildet wird. Die winzigen Pollenkörner sind die männlichen Samen der Pflanzen.

Puppe: Das bewegungslose Stadium zwischen Larve und erwachsenem Tier. In der meist festen Hülle entwickelt sich zum Beispiel eine Raupe zu einem Schmetterling.

Rangordnung: Tiere, die in Gruppen zusammen leben, haben bestimmte Rechte und Pflichten, die immer wieder untereinander ausgekämpft werden. Auf diese Weise wird die Rangordnung festgelegt. Der Alphawolf zum Beispiel darf als Erster fressen und Nachwuchs zeugen.

Raubtier: Ein Tier, das andere Tiere fängt und frisst. Heute werden Raubtiere auch als Beutegreifer bezeichnet, um zu vermeiden, dass das Tier für einen „Dieb" gehalten wird.

Reptil: siehe Kriechtier

Revier: Ein Gebiet, das ein Tier für sich beansprucht und gegen Artgenossen verteidigt. Die Grenzen des Reviers werden zum Beispiel mit Duftmarken oder Gesang markiert.

Rivale: Ein Individuum der eigenen Art, das die gleichen Dinge beansprucht, etwa die gleiche Nahrung, dasselbe Weibchen oder dasselbe Revier.

Rotte: Der Begriff aus der Jägersprache bezeichnet eine Gruppe von mehr als drei Wildschweinen.

Rudel: Eine geschlossene Gruppe von Säugetieren der gleichen Art, zum Beispiel ein Rudel Wölfe, Hirsche oder Löwen. Das Rudel bleibt immer zusammen.

Rüttelflug: Eine Flugtechnik, bei der der Vogel an einer Position in der Luft steht. Der

Turmfalke wird daher auch Rüttelfalke genannt. Der Eisvogel nutzt ebenfalls den Rüttelflug. Auch Fledermäuse beherrschen diese Flugtechnik.

Säugetiere: Tiere, die ihren Nachwuchs mit Milch ernähren. Ein weiteres Kennzeichen ist das Fell.

Schmarotzer: siehe Parasiten

Schuppen: Plattenförmige Gebilde der Haut. Sie sehen je nach Tierart ganz unterschiedlich aus. Es gibt sie bei Fischen, Schlangen, Vögeln, Säugetieren und Schmetterlingen.

Skelett: Das stützende Gerüst eines Lebewesens. Beim Endoskelett liegt das Stützgerüst im Inneren des Körpers (Knochen, Knorpel), beim Exoskelett ist es außen (Chitinpanzer der Insekten).

Standvögel: Vögel, die das ganze Jahr im selben Gebiet bleiben, also nicht im Winter in den Süden oder im Frühjahr in den Norden ziehen. Sie werden auch Jahresvögel genannt. Zu ihnen gehören der Haussperling und die Elster.

Symbiose: Zwei unterschiedliche Arten gehen eine Partnerschaft ein, die für beide von Vorteil ist. So beschützen Ameisen die Blattläuse, dafür bekommen sie von ihnen Zuckerwasser.

Tagaktiv: So werden Tiere bezeichnet, die nachts ruhen und tagsüber auf Nahrungssuche gehen. Die meisten Vögel, aber auch Rehe und Hasen sind tagaktiv.

Tarnung: Wenn sich ein Tier tarnt, nimmt es zum Beispiel die Farbe seiner Umgebung an, um von anderen Tieren nicht bemerkt zu werden. Ziel ist es, nicht gefressen zu werden oder sich besser anschleichen zu können.

Teilzieher: Zugvögel, von denen ein Teil im Herbst in den Süden zieht und ein anderer Teil im Brutgebiet bleibt. Beim Buchfink ziehen zum Beispiel nur die Weibchen in den Süden, bei Amseln nur die Jungvögel.

Tentakel: Längliche Anhängsel, die zum Fangen von Nahrung eingesetzt werden. Tintenfische, Quallen und fleischfressende Pflanzen haben Tentakel.

Waben: Gleichmäßige Gebilde aus sechseckigen Zellen, in denen Bienen, Hummeln oder Wespen ihre Jungen groß ziehen. Bienen bewahren in Waben auch ihren Honig auf.

Wechselwarme Tiere: Tiere, die ihre Körpertemperatur nicht konstant halten. Die Körpertemperatur ist von der Außentemperatur abhängig. Wenn es warm ist, steigt die Körpertemperatur und die Tiere werden aktiv. Wenn es kühl ist, sinkt die Körpertemperatur und die Tiere werden unbeweglich. Zu den wechselwarmen Tieren gehören Reptilien, Amphibien, Fische und Insekten.

Wiederkäuer: Eine Gruppe der Paarhufer. In Ruhephasen würgen die Tiere den vorverdauten Nahrungsbrei hoch, um ihn ein weiteres Mal zu kauen. Zu ihnen gehören Kühe und Schafe.

Winterruhe: Eine Möglichkeit, die kalte Jahreszeit zu überstehen. Die Tiere schlafen, wachen aber regelmäßig auf, um zu fressen. Ihre Körpertemperatur bleibt gleich. Typische Tiere sind Eichhörnchen, Bär und Dachs.

Winterschlaf: Die Tiere schlafen den ganzen Winter, ohne etwas zu fressen. Sie senken ihre Körpertemperatur und ihre Atmung deutlich ab. So verbrauchen sie wenig Energie. Typische Tiere sind Igel, Siebenschläfer und Murmeltier.

Winterstarre: Ruhezustand von wechselwarmen Tieren im Winter. Insekten, Schnecken und Frösche fallen im Winter in Winterstarre. Der Körper stellt seine Tätigkeiten weitgehend ein, und die Tiere werden stocksteif. So überwintern sie, ohne zu viele Nährstoffe zu verbrauchen.

Zugvögel: Vögel, die ihr Brutgebiet im Winter verlassen, weil sie dort nicht genug Nahrung finden, zum Beispiel Schwalben und Störche.

Register der Tiere im Porträt

Bildnachweis

Fotos auf dem Umschlag

Frank Hecker (Rehkitz)

Juniors Bildarchiv: J.-L. Klein & M.-L. Hubert/juniors@wildlife (Wolfswelpen)

picture alliance: blickwinkel/McPHOTO (Eisvogel), Mary Evans Picture Library (Gämse), blickwinkel/J. Carrasco (Graureiher), blickwinkel/J. Fieber (Kleiner Wasserfrosch)

Fotos auf den Innenseiten

www.fotolia.de: S. 14 — 117 benjaminlion (Stempel)

www.iStockphoto.de: S. 50 MichelleMorrisonPhoto (Mädchen mit Wanderstock)

picture alliance: S. 15 blickwinkel/F. Hecker (Mädchen mit Schmetterling), blickwinkel/F. Hecker (Hummelkasten), blickwinkel/F. Hecker (Kuckucksspeichel), S. 17 United Archives/DEA PICTURE LIBRARY (Feldlerche), blickwinkel/McPHOTO (Kiebitz), S. 18 Arco Images GmbH (Wildkaninchen), S. 20 blickwinkel/F. Hecker (Schmetterlingsschuppen), S. 23 blickwinkel/R. Guenter (Erdhummel mit Pollenhöschen), S. 26 Arco Images GmbH (Kreuzkröte), S. 27 blickwinkel/McPHOTO (Blindschleiche), S. 31 blickwinkel/S. Gerth (Wildkatze), S. 33 Bildagentur-online/Tips Images (Ameisenstraße), S. 34 blickwinkel/R. Bala (Wildschwein), S. 37 NHPA/photoshot (Waldkauz), Arco Images GmbH (Federn), S. 39 Mary Evans Picture Library (Birkenspanner), S. 43 blickwinkel/McPHOTO (Kreuzspinne), blickwinkel/U. Hilsmann (Kreuzspinne im Netz), S. 49 natureinstock.com (Alpensteinbock), S. 51 Friederike Naroska/OKAPIA (Wolpertinger), S. 52 blickwinkel/P. Frischknecht (Alpensteinböcke im Rudel), S. 53 Mary Evans Picture Library (Gämse), S. 55 blickwinkel/F. Hecker (Hermelin mit Sommerfell), blickwinkel/McPHOTO (Hermelin mit Winterfell), S. 56 blickwinkel/C. Huetter (Gänsegeier), S. 59 NHPA/photoshot (Ringdrossel), S. 60 blickwinkel/Hecker/Sauer (Bergeidechse), S. 61 WILDLIFE (Bergmolch), S. 67 blickwinkel/A. Hartl (Bachforelle), blickwinkel/J. Carrasco (Graureiher), S. 69 Augenblick fotografie & design GbR (Papierboot), blickwinkel/A. Hartl (Flohkrebs), dpa (Biberfraßspuren), S. 70 Arco Images GmbH (Biber), Arco Images GmbH (Schwimmhäute an Biberfuß), S. 72 blickwinkel/J. Fieber (Wasseramsel), S. 75 Anka Angency International (Elritzen-Schwarm), S. 77 Andreas Hartl/OKAPIA (Flussaal), S. 79 blickwinkel/A. Hartl (Steinkrebs), S. 80 WILDLIFE (Eintagsfliegenlarve), blickwinkel/A. Hartl (Steinfliegenlarve), WILDLIFE (Köcherfliegenlarve), S. 85 natureinstock.com (Haubentaucher), blickwinkel/A. Hartl (Ringelnatter), S. 84 blickwinkel/J. Fieber (Libelle), S. 87 Arco Images GmbH (Bisam), Image Source (Kinder mit Wasserglas), S. 88 blickwinkel/McPHOTO (Waschbär), S. 89 Reiner Bernhardt (Iltis), S. 91 blickwinkel/McPHOTO (Höckerschwan beim Gründeln), S. 93 blickwinkel/A. Hartl (Bitterlinge mit Teichmuschel), S. 94 blickwinkel/J. Fieber (Kleiner Wasserfrosch), S. 95 dpa (Froschlaich), blickwinkel/A. Hartl (Kaulquappe), blickwinkel/B. Trapp (Moorfrosch), S. 97 Frank Hecker/OKAPIA (Wasserassel), S. 99 blickwinkel/H. Bellmann (Gerandete Jagdspinne), S. 103 natureinstock.com (Silbermöwe), natureinstock.com (Seehunde), S. 104 Westend61 (Muschelketten), S. 105 blickwinkel/F. Hecker (Junge mit Strandkrabbe), blickwinkel/M. Woike (Ohrenqualle), S. 106 dpa (Heuler), S. 107 WILDLIFE (Schweinswal), S. 112 Arco Images GmbH (Taschenkrebs), S. 113 blickwinkel/F. Hecker (Strandfloh), S. 115 WILDLIFE (Gelbe Haarqualle), S. 117 WILDLIFE (Petermännchen)

www.shutterstock.com: S. 12 Duncan Gilbert (englischer Rasen), kritskaya (Bergwiese), S. 13 AS Food studio (Ziegen auf Wiese), S. 14f, 32f, 50f, 68f, 86f, 104f robert_s (Hintergrundbild Bretterwand), S. 14 bis 116 Picsfive (Hintergrundbild Zettel), S. 14 siamionau pavel (im Gras liegender Junge), sauletas (Maulwurf), S. 18 Inge Jansen (Feldhase), S. 20 Arto Hakola (Tagpfauenauge), S. 24 Christian Musat (Roter Weichkäfer), S. 30 Kameel4u (markierte Bäume), S. 31 lightpoet (Wisent), TTphoto (Urwald), S. 32 Carlos Horta (zwei Jungen beim Anpirschen), S. 33 Snowbelle (Blätter), Belinka (Zapfen), Potapov Alexander (Federn), Lasse Kristensen (Plastikbecher), S. 41 Henrik Larsson (Ameisenhügel), claffra (Rote Waldameise), S. 44 JASON STEEL (Kreuzotter), S. 45 Marek R. Swadzba (Feuersalamander), S. 48 outdoorpixel (Alpen), S. 51 Mark Carrel (Forschertagebuch), Miroslav Hlavko (Edelweiß), Porojnicu Stelian (Murmeltier), svrid79 (Alpenveilchen), S. 59 scattoselvaggio (Tannenhäher), S. 62 aabeele (Alpenbock), S. 66 Volker Rauch (Flusslandschaft), S. 68 Claudia Paulussen (Junge in Bachlauf), S. 84 Yuriy Kulik (Teich), S. 85 Roger Meerts (Laubfrosch), S. 87 Antony McAulay (Blechdose), AlenKadr (Klebeband), AlenKadr (Plastikfolie), S. 90 francesco de marco (Rohrdommel), S. 92 Kletr (Flusswels), S. 97 Lebendkulturen.de (Wasserfloh), Lebendkulturen.de (Hüpferling), S. 102 Bildagentur Zoonar GmbH (Kreidefelsen auf Rügen), S. 109 smishonja (Säbelschnäbler), S. 111 EddieCloud (Miesmuscheln)

Noch mehr Bücher für Naturforscher

ISBN 978-3-649-61574-3

ISBN 978-3-649-66833-6

ISBN 978-3-649-62146-1

ISBN 978-3-649-66883-1

ISBN 978-3-649-61932-1

ISBN 978-3-649-61933-8

ISBN 978-3-649-62072-3

ISBN 978-3-649-66806-0

Überall im Handel erhältlich und unter www.coppenrath.de!